真理との遭遇

日本とユダヤ、古《いにしえ》の絆が奇蹟を起こす

安立昇
ANRYU Noboru

文芸社

はじめに——この世に奇蹟は存在する

みなさんはこれまでの人生の中で〝キセキ〟を体験したことがあるだろうか?
キセキには〝奇跡〟と〝奇蹟〟とがあり、それぞれ微妙に意味が違うようだ。九死に一生を得た、最難関の大学に合格した、あるいは宝くじに当たった……など、極めて起こりにくい出来事が起きた時などには奇跡を使うが、私の考えでは、そこに何らかの宗教的な啓示が加わる場合は奇蹟がふさわしいと思う。

長く生きていると奇妙なことがあるもので、私はこれまでに何度も奇蹟に遭遇したことがある。私の場合は、奇蹟と書くのが適切なように思われるが、その理由は本書をお読みになればお分かりになることと思う。

私は大正一四(一九二五)年二月二四日に生まれ、ちょうど今日で九九歳になった。来年で一〇〇歳になるが、私にとっては一〇〇歳も一つの通過点に過ぎない。大正、昭和、平成、令和と気づけば四代にわたって生き抜いてきたのかと思うと実に感慨深い。

これまで私は、余命わずかと診断されるような大病からの生還を実に二度も経験している。また、運命の巡り合わせとしか言いようがないような出会いを何度もしている。

何より、後期高齢者になると寝たきりになってしまう方が多い中で、九九歳になった今日まで寝たきりにならず、数年前から妻とともに神奈川県小田原市にある老人介護施設で元気に過ごしている。妻は多少の認知症を患っているが、日常生活にさほど不自由はない。今も仲良く元気な私たち夫婦の存在自体が一つの奇蹟ではないだろうか。


こうした奇蹟がなぜ何度も私の身に起こるのか？

それは私がキリスト教を篤く信じ、聖書を人生の友としているからに間違いない。

施設に入るまでは毎朝必ず、自宅から徒歩で二〇分ほどのところにある教会を訪ね、牧師さんや信者の方と一緒に聖書を一章ずつ読んでいた。これまでいったい何回聖書を読んだか数えたことはないが、計算したらきっと大変な数字になるに違いない。

今も毎朝、自分の部屋で祈祷を行っている。

人生最初の奇蹟ともいえる、わずか一五歳の時に不思議な啓示を受けたことに始まり、三一歳の時にキリスト教を信じ始めたことで人生が豊かになった。

もちろん、それだけでなく、聖書を発端に日本の歴史と日本人のルーツについて調査研究を進めたところ、日本人のルーツに関する興味深い真相を知ることができた。

なぜ日本人がこれだけ勤勉で、真面目で、学問においても優秀なのか。また、温和で正直で和を重んじる性格はどこから来たのか。

こうした日本人ならではの民族性がなぜ生まれたのか、私は納得する答えを得ることができた。と同時に、日本がこれからの世界情勢の中で果たすべき役割にも気付くことができた。世界は今、大いなる混沌の時代に向かっている。それだけでなく、今の世界の終わりもすぐそこまで迫っていると私は考えている。

そんな時代に日本人として、あるいは一人の人間として何をなすべきなのか悩んでいる人も多いのではないだろうか。しかし、キリスト教という確固たるバックボーンを持っている私の場合、やるべきことは明確である。

本書を読んでいただければ、キリスト教がいかに素晴らしいかお分かりになっていただけると共に、日本人のルーツに関しても驚くべき真相を知ることが出来るはずだ。

さて、私は本書のタイトルを「真理との遭遇」と名付けた。

真理とは何か……これは私の人生に八〇年近く付いて回っているテーマでもある。

それを解き明かすことが私のライフワークのようなものかもしれない。それもこれも聖書と出会い、キリスト教を深く信じることによって、私の人生は真理を追究する長い長い旅のようになった。その中でたくさんの奇蹟に出会ったのである。

本書には聖書との出会いによって私が遭遇し、理解した真理が詰まっている。

本書を世に送り出すことができたこと、そして、この本を手にしたあなたと出会うことができたのも一つの奇蹟ではないだろうか。この奇蹟があなたにもたらすものは、幾つもの世界の真理である。そして、その真理と遭遇することで、キリスト教の素晴らしさに目覚める方が少しでも増えることを期待している。

そして、近い将来に必ず訪れるイエス・キリスト様のご再臨によって必ずやあなたが救われることを祈るものである。

二〇二四年二月二四日

安立　昇

目次

第一章　キリスト教との出会い

一・決して忘れられない一五歳の啓示

ある日、訪れた青天の霹靂

さて、ピラトはまた官邸にはいり、イエスを呼び出して言った。「あなたは、ユダヤ人の王であるか」。イエスは答えられた、「あなたがそう言うのは、自分の考えからか。それともほかの人々が、わたしのことをあなたにそう言ったのか」。ピラトは答えた、「わたしはユダヤ人なのか。あなたの同族や祭司長たちが、あなたをわたしに引き渡したのだ。あなたは、いったい、何をしたのか」。イエスは答えられた、「わたしの国はこの世のものではない。もしわたしの国がこの世のものであれば、わたしに従っている者たちは、私をユダヤ人に渡さないように戦ったであろう。しかし、事実、わたしの国はこの世のものではない」。そこでピラトはイエスに言った、「それでは、あなたは王なのだな」。イエスは答えられた、「あなたの言うとおり、わたしは王である。わたしは真理についてあかしをするために生れ、また、そのためにこの世にきたのである。だれでも真理につく者は、わたしの声に耳を傾ける」。ピラトはイエスに言った、「真理とは何か」。
（ヨハネによる福音書第一八章三三～三八節）

――人生には、決して忘れることができない日が何日かある。

私の場合、その一つが昭和一五（一九四〇）年の晩秋の一日だった。

当時、私は一五歳で旧制中学校の四年生だった。

来年は最終学年で、もうそろそろ上級学校への受験の準備をしなければならないと思い、自宅の学習机に座って幾何学の教科書を開いた。

幾何学は得意なわけではなかったが、特別な興味を持っていた。

なぜなら、複雑な図形の命題を、定理や系を用いて極めて論理的に証明するその思考方法が気に入っていたからである。

教科書の第一ページには「公理」について書かれていた。

「公理」とは極めて単純な命題で、それは証明の必要はない。公理を用いて定理を引き出し、さらに系を引き出し、それらを用いて図形命題を証明する……そんな意味のことが書いてあった――これすなわち、幾何学の根本命題である。

教科書には公理が五つ六つ書いてあったと思うが、二つしか覚えていない。

それは、「二点間を結ぶ直線はただ一つである」と「二点間の最短距離は直線である」の二つである。

前者について考察してみると、確かに二点間を結ぶ直線を何度引いても一本に重なる。

しかし、一億回引いても一本に重なるとしても、ひょっとすると、一億一回目に二本の直線が引けるかもしれないのではないか。

なぜなら、経験はことごとく尽くすことはできないから、「絶対にそんなことはない」と誰が断言できるのだろうか。そもそも、誰がこんなことを決めて、証明の必要はないと言うのだろうか。私は大きな疑問を持った。

その瞬間のことである――。


「真理とはなんぞや（何か）」


突然、強烈な問いかけを受けたのを全身に感じた。

耳にはっきりとした誰かの声が聞こえたわけではない。しかし、心に拒絶できない強い命令を受けたかのような気配を体全体で感じて愕然とした。もちろん、一五歳の私はキリスト教など全くの門外漢で、ピラトの問いかけなど知る由もなかった。

真理とはなんぞや――古今東西、多くの聖人・賢者がそんなことを考えて、ああでもない、こうでもないと喧々諤々《けんけんがくがく》の議論をしてきただろうに、私のような若輩者がその歴史に連なるとはとんでもないことだと思って、暗澹たる気持ちになった。

と同時に混乱した。混乱した挙句、真理が分からなければ意味はないと考えて、まずはこの真理を明らかにしなければならないという行為にはまってしまった。

しかし、いくら頭で考えても答えは見つかりなどはしない。詰まるところ、どこまで行ってても何もつかみどころがないという〝絶望〟に達したのである。

私の人生にとって大事な受験勉強を控えているというのに……だ。

もともと、勉強があまり好きなタイプではなく、商売人だった父には「馬鹿」「馬鹿」と言われていたものだ。が、それは後で考えてみると、どう考えても愛想がいいとは言えない私に対し、父はもっと賢く立ち回れ、という意味で言っていたのかもしれない。

しかし、「馬鹿」「馬鹿」と言われ続けると、〝そうか、自分は馬鹿なのか〟と思い込んでしまう。その一方で、〝何で自分はそんなに馬鹿なのだろう？〟〝じゃあ利口ってどういうことなんだろう？〟と、子どもながらにない頭で考える習慣が付くものだ。父親のお陰で何でも自問自答するようになったのは紛れもない事実である。

そのため、「真理とはなんぞや」という問いかけを感じて以来、受験勉強どころではなく、真理とは何かを自問自答することになってしまった。

結局、真理の探究に囚われて勉強が手につかないまま月日が過ぎ、見事、受験に失敗して、気が付いた時には二浪していた。「真理とはなんぞや」という問いかけを受けてから、私は世間的に見てまともな生活ができなくなったようなのである。

だが、戦時中のことであり、それ以上浪人することは許されず、父の出身校である東京高等蚕糸学校の後身である東京繊維専門学校（現・東京農工大学）に入学した。

かつて蚕糸業は外貨獲得の最重要な産業であり、日本の軍備拡大のために生糸産業の果たした役割は実に大きい。業界内では「生糸にあらずんば人にあらず」と言われるほど、誇り高い業種であった。しかし、すでに戦時中はその役目は終わっていた。

私の父は青森の生まれで東京高等蚕糸学校の出身である。

もともと曾祖父が青森で魚の行商をして財を成し、土地を買って地主になった。いわゆる成り上がりのようなものである。

曾祖父には娘が一人いて、養子をもらったのだが、私の祖父に当たるその人物が非常に賢い人だったらしく、青森のとある村の村長や農協の組合長などを務めた名士であった。

父は東京高等蚕糸学校を卒業後、今では世界遺産に登録された群馬県の富岡製糸場を所有する原合名会社に入社した。当時、絹（シルク）は日本にとって重要な産業であり、その後、フランスのリヨン駐在員になる予定だったが、独立して静岡県の富士宮に製糸工場を開業する。

しかし、残念ながら工場は二年で廃業のやむなしに至り、カネボウに入社する。

たった一日だけの召集兵

私は東京繊維専門学校に入学できたものの、戦時下であったので繊維には関心はなかった。入学しても真理について考えてばかりという日々に変わりはなく、勉強にも身が入らなかった。なぜなら、疑うことのできない真理に到達し、その真理に従って生きなければ人生は無意味だと思って苦悶していたのだから。

一七世紀フランスの思想家にして科学者のブレーズ・パスカルは、代表作『パンセ（随想録)』の冒頭で次のように述べている。

人間は自然のなかでもっとも弱い一茎の葦にすぎない。だが、それは考える葦である。

パンセに従えば〝人間は考える葦〟だが、そもそも人間の理性とは何なのだろう……などと考えてはますます深い泥沼にはまり込んでいった。考えれば考えるほど、身動きが取れなくなっていくのを感じた。
そんな状態なので勉強どころではなく、二回生になれず落第した。

その間、戦況はますます悪化し、同級生たちが次々と戦争に召集されていった。そして昭和二〇(一九四五)年八月、思想的に迷える羊であった私にも〝赤紙〟が届いた。そこには、青森の弘前連隊に入るよう書かれていた。真理とは何か明確な答えを得られることがないまま、私の短い人生にも別れを告げる時が来たのかと思って覚悟を決めた。
入隊するため、上野駅から青森行きの汽車に乗ったのは八月一四日の夜一〇時頃のことだった。今と違い、青森まで行くのに丸一日以上かかった時代である。
一夜明けて八月一五日、到着した仙台は見渡す限り焼け野が原であった。

そこで私たちは天皇陛下の玉音放送を聞いた。とうとう長かった戦争が終わったことを知らされ、戦争に負けたことの悔しさと、これからどうなるんだという不安、そして、死ななくて済んだという安堵……さまざまな思いで私の心は収拾がつかなかった。

——こうして私は軍隊に入ることなく済んだが、先に召集されていた同世代の若者たちは特攻を余儀なくされたり、潜水艦に乗せられたりして若い命を散らせた。

日本がポツダム宣言を受諾し、太平洋戦争が終わったことで時代は一気に変わった。

昨日まで大きな顔をしていた日本の軍人さんはしかめ面をして軍服を脱ぎ、町にはジープに乗った米兵たちがちらほらと見受けられるようになった。

つい数日前まで、彼らは〝鬼畜米英〟と、まるで鬼のように言われていた。確かに背が高く赤ら顔で、日本人から見ればまさに赤鬼のように見えたが、町で会う彼らはにこやかな笑顔を見せ、とても鬼畜には見えなかった。

さて、兵役を免れ、命を長らえた私は東京繊維専門学校を卒業し、いざ就職ということになる。だが、その時もなお、私は真理の探究に取り憑かれていたのである。

同級生はみな敗戦直後の混乱期の中でも一流企業に就職しようとして一生懸命であったが、私はと言えば、就職など他人事のように無関心であった。

かといって遊んでいるわけにもいかず、とにかく就職した。就職はしたものの、そんな心境であるから当然長続きせず、すぐに辞めてしまった。

職を転々とする日々が続き、まったく無気力な生活ぶりだった。

周囲の人々はそんな私を見て、「あいつはやっぱり頭がおかしい」と思ったに違いない。


そんな生活が続き、ある時、〝さすがにこれは何とかしなければいかん〟と思った。

そこで一念発起して、大学に入り直すことにしたのである。

大学に入り直すことが目的だったのではない、人生をやり直すため、ある目的のために大学で勉強し直すことにしたのだ。そのある目的とは、私が嫌いだった日本を飛び出て海外で生活することである、そんな秘めた野望のためには語学が必要だと考えたのだ。

この選択が後々、私の人生に大きな影響を及ぼすことになる。


ではなぜ、日本を嫌いだったのか？……それを説明するには少々時間をさかのぼる必要がある。

そもそも、私は少年時代から外国映画が好きだった。

当時、父が勤めていたカネボウの社宅は神戸の東の端・摂津本山村（現在は灘区）にあり、そこから明石にある旧制明石中学校まで省線電車で通っていた。

途中には三ノ宮や新開地といった繁華街があり、私はそこで毎日のように途中下車して映画館に通い詰めていたのだ。『巴里祭』『巴里の空の下、セーヌは流れる』『女だけの都』……フランス映画やドイツ映画、オーストリア映画、アメリカ映画など外国映画をたくさん観て、私は外国に憧れを持つようになった。

スクリーンに映る海外の街は、私が住む日本とは全然違って実に華やかであった。近代的なビルが建ち並び、高速道路を自動車が走り、電話もあるなど、当時の日本とは全く様相が違っていた。まるでSF映画の近未来の世界のようだった。

だから、日本がアメリカに宣戦布告した時も、あんなに文化が進んでいる国と日本が戦っても勝てるはずがない……正直、そう思ったし、誰だってそう思うはずだ。

ところが、おろかな日本の軍部はアメリカに戦争を仕掛けた。この時から、日本の指導者は実に愚かな人間だという疑念が私の頭から離れることはなかった。

これは余談だが、実際は日本が戦争を仕掛けたというよりアメリカが日本に戦争するよう仕向けたと言った方が正しいと知ったのはずっと後のことである。太平洋戦争の実像はと言えば、日本はむしろ被害者だったのだ。

もちろん、だからと言って日本の指導者が愚かだったことは間違いない。

そんな風に、当時は遥かに文化が進んだアメリカに戦争を仕掛けた日本の軍人たちが嫌いになっていたので、いつか日本を出ていきたいと考えるようになったのである。海外で働きたいという胸の中にくすぶる私の願いを叶えるためにも語学が必要と考え、大学では語学を専攻することにしたのだ。

仕掛けられた罠にはまる

二度目の学園生活を送ることになった大阪外国語大学で、私はスペイン語を専攻した。学費はアルバイトをして自分で稼いだ。

晴れて人生を前向きに生きることができるに違いないと考えた……が、やはり駄目だった。「真理とはなんぞや」という、あの問いかけが執拗に私を捉えて離さなかった。ほとほと嫌になって、何も考えなくなったらどんなに幸せだろうと思った。

それでもいつしか時は流れて大阪外国語大学の四回生となり、いよいよ卒業が間近に迫ってきた。だが、卒業するためには論文を書かなければならない。

当時の私には嫌いなものが二つあり、一つは前述した日本で、もう一つはキリスト教であった。そんなわけで私はキリスト教に反対する論文を書くことに決め、〝スペインの碩《せき》学《がく》〟と言われる哲学者ミゲル・デ・ウナムーノの著作『生の悲劇的感情』を取り上げた。ウナムーノは思想的には実存主義者である。

当時、日本ではジャン・ポール・サルトルの無神論的実存主義が流行っていた。私はそのような実存主義的立場からキリスト教を批判するつもりだった。

スペイン語を勉強する過程でスペイン文学を読むわけだが、スペイン文学には騎士道小説への反動としてノベーラ・ピカレスカ（悪漢小説）というジャンルがある。

そこに出てくる一六世紀のスペインのカトリックの司祭はたいてい腐敗していた。小説の中で、よく小悪党が欲深いカトリックの司祭と共謀して悪事を企んでいたものだ。そんな他愛もない理由で、当時の私はキリスト教を嫌っていた。

前述したパスカルの『パンセ』を読んだのも、卒論を書くためであった。

パスカルは哲学者でもあり、科学は数学的に表現されなければならないと唱えた近代科学の祖である。彼は『パンセ』の中で、人間の理性は被造物に対しては有効であるが、創造主（神）や精神、自己というものに対しては権能がないと言う。

それでは、神をどのようにして認識するのか？

パスカルは言う。「ただ信仰による」と……信じる者は永遠の命を持ち、信じない者は永遠の滅びに至る。これを博打にたとえて、「丁が出るか半が出るか、賭けろ！」と彼は言う。

いわゆる〝パスカルの賭け〟である。

『パンセ』の二三三節には、〝たとえ理性によって神の実在を決定できないとしても、神が実在することに賭けても失うものは何もないし、むしろ生きることの意味が増す〟などといった考え方が書かれている。

それを読んだ瞬間、私は非常な衝撃を受け、即座に聖書の神を信じる決断をした。

私をこの決断に追い込んだのは、十数年前、「真理とはなんぞや」と問いかけ、執拗に私に迫った〝お方〟、あるいは、「二点間を結ぶ直線はただ一つである」と決めた〝お方〟であることは間違いない。あの〝お方〟の執拗な追い込みがなかったなら、理性に行き詰まることもなく、信仰の決断をすることはできなかったであろう。

パスカルの『パンセ』を読めば分かるように、人間の頭で神を理解することはできない。神はいるか、いないか……確率は五〇：五〇なのだ。つまりは〝丁が出るか半が出るか〟の賭けと同じというわけだ。

そして、この賭けは「神を信じたら一〇〇パーセント勝つ」と書いてあった。信じる者は救われるということか……長い混乱の末に絶望していた私には救いに思えた。絶望していなかったら、その後も続けて考えていたと思うが、続けて考えることができなくなっていたので、もう好きなようにしようと考えた。パスカルが説くところの「一〇〇パーセント勝てる賭け」に賭けてみる決断をしたのだ。

神とは創造者、万物の創造者だから全てを知っているということである。人間の頭で考えても……もちろん、人間の頭で考えることを否定しないが……きわめて限界のあることには間違いない。神は全てを良きにすることができる存在なのだ。

決断後に接した神の聖言

主なる神はその人に命じて言われた、「あなたは園のどの木からでも心のままに取って食べてよろしい。しかし善悪を知る木からは取って食べてはならない。それを取って食べると、きっと死ぬであろう」。

（創世記第二章一六、一七節）

さて、主なる神が造られた野の生き物のうちで、へびが最も狡猾であった。へびは女（エバ）に言った、「園にあるどの木からも取って食べるなと、ほんとうに神が言われたのですか」。女はへびに言った、「わたしたちは園の木の実を食べることは許されていますが、ただ、園の中央にある木の実については、これを取って食べるな、これに触れるな、死んではいけないからと、神は言われました」。へびは女に言った、「あなたがたは決して死ぬことはないでしょう。それを食べると、あなたがたの目が開け、神のように善悪を知る者となることを、神は知っておられるのです」。

女がその木を見ると、それは食べるに良く、目には美しく、賢くなるには好ましいと思われたから、その実を取って食べ、また共にいた夫にも与えたので、彼も食べた。すると、ふたりの目が開け、自分たちの裸であることがわかったので、いちじくの葉をつづり合わせて、腰に巻いた。

（創世記第三章一～七節）

――その結果、彼らは死んだ。

私は一五歳の時、「真理とは何ぞや」という問いかけを受け、頭で考えて、結論を出そうと努力した。物事を観察して、「ああなって、こうなって、ああなって……」と考えるが、いくら考えても結論は出せないことを、一六年間の体験を通して知った。人間の頭脳には限界のあることを認めさせられた。

私はパスカルの『パンセ』を通じて、丁が出るか、半が出るか賭ける決断をしてキリスト教信者になった。それまで私は聖書を読んだことはなかったが、信者になって初めて聖書を読み、前述した創世記の聖言に接し、驚嘆した。神は目には見えないかも知れないが、いらっしゃることを確信した。その確信は決して失うことはないと確信している。

二．絶望から救われた松本牧師の教え

原罪について

大学は何とか卒業できたが、それまで「真理とは何ぞや」という問題に苦しんだが、今度は「信じるか信じないか、丁が出るか半が出るか賭けろ」という問題に苦しむことになった。人生にはいろいろな問題があるが、そのようなことのために、即座に対処できなくなったのは実に苦しいことだった。

そのうえ、年齢の問題や結婚の問題などがあり、就職出来なくて、横浜の実家に身を寄

せることになったのも実に苦しいことだった。

そこで、短期間の工場労働者や港湾労働者をしながら糊口《ここう》をしのいだのである。

尾羽打ち枯らして、横浜の実家に転がり込むしかなかった。

一方で卒論の執筆を通じて信仰の決断に導かれ、これ以外に生きる道はないと悟った。

まずはカトリック教会に行ったが、そこに私の求めるものはなかった。

カトリック教会では「聖餐《せいさん》式」と称してパンを食べ、ワインを飲む儀式を行う。ワインはイエスの血を意味し、パンは肉を意味するのだが、私にはその行為が儀式以上の意味がないように思えたのである。

しかも新たに信者となった者に教えるのは聖書ではなく、カトリック要理であった。

例えば、カトリック要理には「罪には三つある。大罪、中罪、小罪である」と書かれている。食べるのに困ってついパンを盗んでしまったような罪は〝小罪〟で、これは小さい罪だから許されるという。しかし、そもそも聖書はそんなことは言っていない。

聖書には、神の御心に反したことは全てが罪であり、罪に大・中・小などない。私はそれを非常におかしなことだと思った。

次に私はプロテスタント教会に行って、洗礼を受けてキリスト教徒となった。しかし、プロテスタントでも聖書を文字通り読もうとするところと、上っ面をなぞったようなところもある。

例えば、聖書ではイエス・キリストは十字架にかけられて天に上げられた。その前にイエス・キリストは「わたしが去って行くことは、あなたがたの益になる。わたしが去って行かなければ、あなたがたのところに助け主はこない」と言っている。助け主は聖霊で、聖書には「神は霊であるから、礼拝をする者も、霊とまこととをもって礼拝すべきである」と書かれている。

イエス・キリストが我らのうちに住むと言うが、これは聖霊を通して住むということだ。これをイエス・キリストは天に上げられる前に約束された。天に上げられる前、イエス・キリストはたくさんの人が見ているところで、「聖霊がお前たちに下るまで都にとどまれ」と約束した。それをペンテコステ（聖霊降臨日）と言って、それから一〇日の後に聖霊が人の世に下るのである。そして一日で三〇〇〇人がバプテスマ（洗礼）を受けて救われたというが、プロテスタントの中にも、なぜ救われたかをはっきり言わないで、ただ、洗礼を受けたから救われたとしているところもある。

信じていれば救われると言うが、本当に信じたら分かることは、いくら頑張ってもそれだけではだめだということだ。それを分からせるためにイエス・キリストは十字架で死んだのだ。こうして、当時の私はプロテスタント教会に失望した。私はがっかりして、もうどこも行くまいと思った。

私がたどった聖書遍歴

実際、長い間教会に行かないでいると、やはり気分的に落ち込む。

自分一人では無理であり、仲間と神をあがめることは大事なことで、その場として教会が必要なのだ。聖書には、「ふたりまたは三人が、わたしの名によって集まっている所には、わたしもその中にいるのである」（マタイによる福音書第一八章二〇節）と書いてある。お互いに励まし、いろいろな体験を話して励まし合うことが大事だと思う。

そのためには、最初は教えてもらうことが必要だ。初めからは分かるわけがなく、分かるのは自分には罪しかないことである。

後述するように、アダムとエバの神を否定した選択によって人間の命は有限となり、死ぬ以外なくなった。それが原罪であり、そこが分からないといけないが、みんな自己中心で、自分さえ良ければいいという気持ちをみんな持っているものだ。

私は、イエス・キリストは罪人を救うために来たのであって、正しい人を救いに来たわけではない。〝俺はこれだけ信仰を持っているからアイツよりましだ〟ではなく、どうしようもない罪人であることを認識しないといけない。

そうした原罪は、イエス・キリストの十字架や愛に飲み込まれて失われる。

その意味では、人間は絶望しないとだめなのかもしれない。

聖書のガラテヤ人への手紙第六章一四節には「わたしたちの主イエス・キリストの十字架以外に、誇《ほこり》とするものは、断じてあってはならない」と記されている。人間にはそれだけで十分なのであるのかもしれないと考えた。

良き師との出会い

そこで私は、鶴見の自宅近くにできたキリスト兄弟団の伝道集会に出席してみた。

キリスト兄弟団は、一八世紀のイングランド国教会の司祭で、メソジスト派の基礎を築いたジョン・ウェスレーの流れを汲んだ教会である。

牧師は名を松本先生と言い、坊主頭をした放浪の画家・山下清そっくりな人物で、ほかのキリスト教の牧師とは程遠い容貌をしていた。

当時、高倉健主演の『網走番外地』という刑務所を舞台にした任侠映画が一大ブームとなっていたが、この丸坊主の牧師も、きっと何か重大な罪を犯して監獄に入れられたものの、何とか許されて出所することができたのだろうと密かに思ったものだ。

「神様は、私のような罪人の頭《かしら》をも救ってくださった」

――松本牧師が満面の笑みを浮かべてそう言うものだから、当然、こちらも犯罪者と勘違いしていた。そんなことであるから、これはとんでもないところに来たと思って、集会が終わるか終わらぬかの内に、脱兎のごとく逃げ帰った。

松本牧師の容貌だけでなく、教会の建物がバラック建築で室内は畳敷きだったことや、軍歌のような歌を歌ったりしていたことも妨げになった。

しかし、しばらくすると外見で判断したことを反省し、松本牧師の話を一度じっくり聞いてみようと思って再び集会を訪問した。

すると、きわめて率直で単純で、難しい神学ではなく文字通り聖書の内容を丁寧に講義していたのであった。その後、松本牧師から聞いたことがあるが、彼は日中戦争以前に中国語を勉強しており、開戦になると教会から布教のために満州に派遣されたそうだ。

昭和一二（一九三七）年に日中戦争が始まって日本と中国が開戦した後、外国の宗教の布教活動をしていたことを理由に、松本牧師は日本の軍部に捕まって監獄に入れられる。監獄にはもう一人収監されていて、その人は不安で夜眠れなかったのに、松本牧師がぐっすり寝ていることに驚いたそうだ。

「こいつは大物に違いない！」

彼にそう言われたと松本牧師は笑いながら話した。

松本牧師は終戦間際にソ連の捕虜になって、最後はシベリヤの収容所に送られた。数年後、日本に帰ってくることが出来たが、当初はもう牧師なんかやめたと思ったそうだが、結局、牧師になって素晴らしい先生になったのだった。

松本牧師は実によく祈る方で、バラックの教会の布団部屋のような場所で祈っていたのを覚えている。年齢は私より一回り上で、当時、私が三二歳だったから松本牧師は四三、四歳であったと思う。横浜の教会に一〇年ほどいたが、その後、私が兵庫県にある造船所への就職が決まって引っ越したため会うことはなくなった。

私の宗教観に関して言えば、松本牧師に一番影響を受けたと言っても過言ではない。思い返せば、私は良き師に出会ったことになる。

松本牧師から教わったことを一つだけ挙げるとすれば、それは「聖書が大事である」ということだと思う。昨今、神学ばかり教え諭す教会が多い中、そうではない、聖書の解き明かしこそが最も大事なのだということを教わった。

その影響か、私は早天祈祷会（以下、早天）に行って聖書を読むようになった。

早天とは、毎朝、皆で聖書を読み、自由に祈る時間のことだ。松本牧師は他人のことを悪く言う人ではなかったが、「早天（祈祷会）のない教会はだめだ」とおっしゃったのを今も覚えている。一日を神様との交わりからスタートすることはとても大事なことだと松本牧師はおっしゃっていた。

早天では、まず讃美歌を歌い、それから神に祈る。順番に聖書を数節ずつ輪読し、その後に、おのおの自分で教えられたこと、感じたことなど意見を言って、一人ずつ祈る。

聖書は毎朝読まないといけないというのは松本牧師に教わった習慣でもある。

しかし、良き師に出会えたからと言って、真理を突き止められたわけではない。

私が信じる決断をしたことはすでに述べたが、信じようとして一生懸命努力した。すなわち、考えた上で納得し、そして、信じようとした。

それでも真理は見つからず、またも元の木阿弥である。

ある時など、この恐るべき泥沼から逃れるためには死ぬ以外ないのではないかと思ったともある。首をくるのはみっともないから、ひと思いに死のうと思ったことも一度や二度ではない。そんなある日のことである。

わたしたちがまだ弱かったころ、キリストは、時いたって、不信心な者たちのために死んで下さったのである。

（ローマ人への手紙第五章六節）

罪についてと言ったのは、彼らがわたしを信じないからである。

（ヨハネによる福音書第一六章九節）

そんな聖書の言葉に接した。その時、キリスト教で「罪」と言う場合、万物を創造された神を被造物なる人間が拒否する不信仰こそが罪であると理解した。

三、信じる者が救われるという真理

誘惑に負けたアダムとエバ

前に申し上げたように、神は全ての人類の祖であるアダムとエバをエデンの園という素晴らしいところに住まわせた。そこには二つの木があり、それは「命の木」と「知恵の木」である。

神は、命の木はいくら食べてもかまわないが、知恵の木を食べたらお前は死ぬと言った。冒頭にも書いたように、ある日、蛇の姿をしたサタン（悪魔）が現れ、こう言ってエバを誘惑する。

「これを食べたら神様は死ぬと言ったのか？　それはこの実を食べると善悪を知って神のようになるから食べるなと言ったのだ。食べても大丈夫だ」

そこでエバが知恵の木の実を見ると「それは食べるに良く、目には美しく、賢くなるには好ましいと思われた」……つまり、善悪を知って神のようになれるというわけだ。

そこでエバはアダムを誘って知恵の木の実を食べてしまう。

——その結果、罰を受けて人間に死が訪れたのである。

これは私の体験から言ってもきわめて正しいことである。

今の人間社会を見ると「俺はあいつより賢い」「俺はこれだけ物事を複雑に考えられる。あいつは単純だ、馬鹿だ」と言っている人ばかりである。実に愚かなことである。

この善悪を知る知恵の木の実を味わうという快楽のために、知る意欲を我々に起こさせる病こそ「死に至る病」である。そこからもろもろの罪、偽り、病、争い、戦争、そして遂には「罪の報酬」である死が全人類を支配するに至ったことを悟った。

結局、アダムとエバは選択を間違えたのである。

知恵の木の実を食べて善悪を知り、神のようになれるのがいいこととは私に思えない。人間は善だけを知っていればいいわけで、悪を知る必要はない。そこで間違った選択をしたために死が来たのである。言わば自業自得のようなものだ。

しかし、慈悲深い神は人間をそのままにしておくことはしない。神は人間にもう一度選択の機会を与えたのである。

——それがイエス・キリストの出現である。

彼は我々の一切の罪を背負って十字架で命を落とし、墓に葬られて黄泉《よみ》に下った。しかし、三日目に甦ったことで罪と死を滅ぼしたのである。

しかし、イエス・キリストを人間は信じることが出来なかった。

それから二〇〇〇年余りの時が流れた。

後述するように、人間はもう一度選択の機会を与えられたのだ。今度こそイエス・キリストを信じた人は永遠の命を与えられる。これは紛れもない事実である。

全知、全愛、全能なる神から離れた人間の理性なるものは、主観と客観の対立を生じ、絶対的なはずの善悪が、相対的な善と悪になった——ここに人間の堕落がある。

パスカルの言うように、絶対者である神は人間理性の対象とはならないのである。しかるに人間は、あくまでも「神のように善悪を知る者となる」ことを求め、真理なる神を拒否するのである。それこそが罪と知らずに……である。

後ほど詳述するが、現代人は科学を盲目的に信じ、「進化論」なるきわめて間違った愚論に固執し、自らを猿の子孫と信じている。わが国の文部省もこの愚論を支持している。人は自分の考える通りになるのであれば、これすなわち猿と均しくなるのと同じである。

一方で、共産主義者は自らの主義主張を「科学的社会主義」と唱えているが、すでに実験によって間違っていることが証明されている。

アダムとエバの教訓は現代人には神話のように思われるかもしれないが、私には、実に見事に人間の「原罪」を説明しているように思う。

それは私自身、禁断の木の実を食らってもがき苦しんだからである。

真理の啓示

その間も、私はキリスト教を信じようと努力していた。考えて、納得して信じようとしたのである。すなわち、「神のように善悪を知る者となる」ことを求めたのであり、要するに、これこそが「原罪」であったのかもしれない。

一方で、デカルトは「我考う、ゆえに我あり」と言ったが、それは正しいわけだ。しかし、考えることを放棄してただ信じることは、私にはとうてい不可能だった。それは自殺以上に難しいと思った、絶望し、もういくら考えても真理などあるはずがないと考えた。

だから、どういう生き方をしても、好きなように生きればよろしいというわけだ。

その時、前述した「わたしたちがまだ弱かったころ、キリストは不信心な者たちのために死んで下さった」という聖書の言葉が浮かんだ。そこで、近くの山に行って祈った。

山に行って、三日三晩にわたって祈った。

ただし、何と言って祈ったらよいか分からなかった。出てくるのはこんな言葉だった。

「殺せ！　もう何も考えないようにしてくれ！」

ただただ、そう言って祈ったである。

その山は横浜市神奈川区にある神之木台公園と言った……名前は素晴らしかった。


それから何日か経った初夏のある朝、松本牧師が私の家を訪ねて来た。

私は失業しており、いろいろな問題を抱えて起きる気力もなく、朝も遅くまで床の中にいた。かといって松本牧師を追い返すこともできず、会うことにした。

体が汗ばんでいて気持ちが悪かったので、先生に待っていただいて、風呂場で水を浴びることにした。桶に汲んだ水を頭から浴びると、水滴が頭から体を伝って流れていった。

水滴は〝コロコロ〟〝コロコロ〟と透き通った鈴のような音を立てた。

その時のことである——。


もはや、我、生くるにあらず、キリストわが内に在りて生くるなり。（生きているのは、もはや、わたしではない。キリストが、わたしのうちに生きていおられるのである。）

（ガラテヤ人への手紙第二章二〇節）

その時、水滴はそんな聖句をはっきりと語りながら、私の体を流れていったのである。周囲を見回したが、もちろん、誰もいなかった。

私は心の中で「けったいなことがあるもんやなあ」と思った。

そういえば、「真理とはなんぞや」という言葉を聞いた時もそんな風だったことを思い出した。と同時に「俺でも信じられる」という静かな信仰が与えられたのである。

その後、私は晴れやかな気持ちで松本牧師と会った。その時は水滴が発した聖句のことは松本牧師に黙っていたが、数日後、再び松本牧師と会った時、その話を打ち明けた。

すると、松本牧師はこうおっしゃられた。

「兄弟、良かったなあ。兄弟の祈りは聞かれた。祈りはたいてい、聖書の言葉で答えられるものだ」

祈りは聖書の言葉で答えられる……私は驚いた。私の信じようとしている神は、木や石で作られた神ではなく、話せば答える神、生ける神であると知って驚いたのである。

思えば、不思議なことがあるものである。

一五歳の時。青天の霹靂のごとく「真理とはなんぞや」と明確な問いかけを受け、十数年後に「真理」なるお力をはっきりと示されたのである。イエス・キリストご自身、「私は真理である」と宣言しておられる。

私は、卒論を書いたあの時まで、ほとんどキリスト教との接触はなく、むしろキリスト教は大嫌いだった。繊維専門学校の学生時代のある時など、寮があった小金井から渋谷に遊びに行ったことがあるが、街頭でアメリカの宣教師が聖書を配っていた。

私がもらったのは『新約聖書』であったが、ページを開くとイエス・キリストの系図が実に三ページにわたって延々と書いてあるのを見て奇妙に思った。もちろん、みんなカタカタの名前なので頭に入ってこないことおびただしい。

アブラハムの子であるダビデの子、イエス・キリストの系図。アブラハムはイサクの父であり、イサクはヤコブの父、ヤコブはユダとその兄弟たちとの父、ユダはタマルによるパレスとザラとの父……。

（マタイによる福音書第一章一～三節）

〝こんな馬鹿馬鹿しいもの知らん〟――誰が誰だかさっぱり分からず、私は数ページも読み進めることができず、聖書はゴミ箱行きとなった。そんなことを考えると、神は長い時間をかけて私を罠にかけ、身動きできなくして捉えたように思えてならないのだ。

イエス・キリストは、「わたしは道であり、真理であり、命である」（ヨハネによる福音書第一四章六節）と宣言された。また、ヨハネによる福音書の冒頭には「初めに言《ことば》があった。言は神であった」と述べられている。

イエス・キリストは真理の神である。この神なるイエス・キリストは聖書によると、処女マリアの懐妊を通して、大工の倅としてこの世に生まれた。だから、肉と骨からなる具体的、実存的存在であるわれら人間を救うことができるのである。

では、イエス・キリストは真理であるが、真理とは何か？

つまり、真理はイエス・キリストが語った言葉の中にあるのだ。そして、言葉は必ず実現するのである。それは「二点間を結ぶ直線はただ一つである」という「公理」は証明の必要がなく、必ずその通りになるのと同じである。

イエス・キリストの言葉は文字通り信じなければならない。これこそが〝救い〟である。

イエス・キリストの救いとは、神学的観念や教理教条を信じることではなく、血肉を備えた具体的、実存的な人間として生きられた神イエスとその言葉を信じることである。

イエス・キリストは先ず病気を癒された。次に、飢えた、男だけで五〇〇〇人の群衆にパンと魚を与えて、飽きるまで食べさせた。死んで墓に葬られ、四日経って臭くなったラザロを甦らされた。また、悪霊に取りつかれ、墓を住み家としていた男を解放された。

イエス・キリストは最後には、我らの罪咎《ツミトガ》、我らに関わる一切を背負って、肉を割き、血を流し、呪いそのものとなって死の苦しみを味わってくださった。

そして、死んで葬られ、黄泉に下り、三日目に甦って、罪と死とサタンを滅ぼし、救いを完成してくださったのである。

――神の子イエス・キリストの十字架と復活は歴史的事実である。

この事実を信じるか、信じないか……問題はこの一点である。それはまさに〝パスカルの賭け〟と同じだ。論争の必要はない。道徳や観念や思想や神学としてではなく、肉と骨からなる具体的、実存的人間の救いとして〝幼子のように単純に〟信じなければならない。

真理の再来

この真理なるお方＝イエス・キリストは「再びこの地上に来る」と言われた。

その前提条件は、このお方の同族であるユダヤ人が約束の地カナン（パレスチナ）に帰って来ることである。

彼らは、約束のメシア（救世主）であるイエス・キリストを拒否したゆえに、世界中に散らされ、二〇〇〇年近い迫害と苦難の悲惨な歴史を耐えてきた。第二次世界大戦中にはナチス・ドイツの総統アドルフ・ヒトラーによって約六〇〇万人のユダヤ人が虐殺された。

だが、戦争が終わると多くのユダヤ人が約束の地に帰ってきて、一九四八年にイスラエル国家の独立を宣言した。これは現代の奇蹟である。しかし、サタンおよび反対勢力は、必死になってイスラエル国家、およびユダヤ民族を抹殺せんと躍起になっている。

イスラム国家イランの大統領であったマフムード・アフマディーネジャードが二〇〇五年に「イスラム世界の不名誉な汚れである、（イスラエルの）占領体制は除去されなければならない」と発言したことは広く知られていることである。

一方で、紀元前六世紀に書かれた旧約聖書のエゼキエル書三八章によれば、北方の大国がペルシャ（イラン）、エチオピヤ、プテ（リビヤ）などとともに国々の民の中から連れ出され、安心して住んでいるイスラエルの民を襲うと書かれている。

この北方の大国の名前は、聖書にははっきりと記されている。

あまりに生々しいので翻訳版の聖書ではこの大国の名前は削除されているが、不思議なことに日本語の文語訳聖書には明記されているのである。私はヘブライ語を学んでいるが、ヘブライ語原典にはこの大国の名前が明記されていることを確認している。

こうして、神は彼らを壊滅させるのである。

つまり、世界の終わりが迫っている中で、この「真理」であるお方は、もうすぐこの地上に来られるのである。エルサレムの東にあるオリーブ山に来られる。彼の約束は真理であるから、必ず成就するのは間違いない。


ここで聖書について説明しておきたい。

聖書とは、ユダヤ人を中心とした神の人類救済の計画書である。ユダヤ人を中心として人類の歴史を見る時、聖書の記述通りに進行していることが分かるはずである。

イエス・キリストは今から二〇〇〇年以上も前に天に召されたが、もう一度現れる日は極めて近いと言える。イエス・キリストの再臨で、新しい世の中、素晴らしい希望の世の中に変えられるのだ。

それを〝千年王国〟と言い、その時、人間はどうするか試されていると言ってもいい。

人間は霊と肉体とからなる存在であり、大事なのは霊が大事である。そして、霊と肉体をつなぐのが魂だ。つまり、肉体とは衣のようなもので、仮の姿に過ぎない。

その点で、霊という存在は衣が変わっても転生することができる。霊が生きてれば、たとえ肉体が死んでも死ぬことはないのである。肉体は単なる衣に過ぎないからだ。

聖書に「神は霊であるから、礼拝をする者も、霊とまことをもって礼拝すべきである」とあるように、私たち人間は信じたときに救われる。肉体は死んでも大したことではない。イエス・キリストはもう一度現れ、新しい時代が来た時に霊が生きていれば新しい肉体が与えられる。

聖書に書かれているように、最後にもう一度神と悪魔の最終戦争がある。最後の抵抗をするサタンを神が滅ぼし、そこから新しい天、新しい地が始まる。これについては詳しく書くことはできない。なぜなら、今の世界は三次元の世界だが、新しい天地は四次元の世界で想像を超える世界だからだ。

次元を超えた世界だから人間が想像して書くことはできないが、一つ言えることは、それは永遠の世界だという。それこそが神の目的であり、自らの原罪を悔い改め、神をただただ信じることで永遠の命を得ることができるのである。

第二章　我が身に起きた数々の奇蹟

一・和気清麻呂の子孫との結婚

不思議な縁で結婚する

話は戻るが、大阪外国語大学の最終学年の頃、私は後の妻となる妙子と出会う。ある時、近所に住んでいた私の友人が、訳あって下宿を出なければいけなくなった。私はその友人を助けてあげようと考えを巡らせたところ、近所にあるお屋敷の二階が、いつも雨戸が閉まったままだったことに気付いた。

私は〝あそこを借りられればいいな〟と思った。

家というものは人が住んでいないと古びていくものである。たとえ一階に人が住んでいても、長期間、二階に誰も住んでいないとなると、掃除もあまりしなくなって、ほこりが溜まり、あらゆる物が汚れてしまう。私はそんな理由をこじつけ、断られるのを覚悟して早速その家を訪ねた。すると、落ち着いた感じの女性が出てきた。

私は彼女に挨拶をし、下宿がなくなって困っている友人の事情を正直に打ち明け、いつも雨戸が閉まっている二階の一部屋を間借りできないものか頼んでみた。

もちろん、その場で承諾してもらえるとは思っていない。

後日、あらためて返事をいただくことにして、その日は屋敷を辞した。

数日後、その女性から連絡をいただいた。何と返事はＯＫで、二階の一部屋を間借りさせてもらうことになった。その旨、友人に知らせると彼は心底大喜びしていた。


友人の引越しの手伝いをしたり、その後も友人の部屋を何度か訪ねる機会があったため、先の女性とは私も半ば顔見知りになっていた。ある日、こんなことを言われた。

「今度、自分のいとこを紹介するから会ってみませんか？」と。

一瞬、何のことか分からなかったが、要するに、お見合いのようなものであった。

それで紹介されたのが安立妙子である。

彼女のいとこ、つまり、私が友人を下宿させてくれるよう頼んだ女性が、私の立ち居振る舞いを気に入って妙子に紹介したらしいのだった。

彼女は大阪府立女子専門学校で学び、当時、大阪大学の結核研究所の研究者をしていた。

両親はすでに亡くなっていたものの、彼女は安立家の一八代目に当たるそうで、大阪には

「安立町」という町もあるという。
これも後ほど詳しく述べるが、安立家をさかのぼると半井《なからい》姓となり、その先に行きつくのは和気清麻呂である。和気清麻呂と言えば、楠木正成同様、皇居に銅像が立っている二人の内の一人であるほど歴史上の人物である。
鎌倉幕府打倒に貢献し、建武の新政の立役者として後醍醐天皇を助けた〝大楠公《だいなんこう》〟こと楠木正成ほどの知名度はないが、戦前ではかつては楠木正成と並ぶ忠臣として道徳の教科書に載っていたこともある誰もが知る偉人であった。
和気清麻呂＝文、楠木正成＝武と、それぞれを象徴することから文武両道に優れた人物が模範とされたのである。この和気清麻呂は宇佐八幡神託事件、いわゆる道鏡事件で知られる人物で、万世一系の日本の天皇家の危機を救った人物でもある
和気清麻呂の一族は代々、朝廷で医術を任されていたが、その縁で代々医師となるものが多く、姓を安立と変えてからは大阪で診療所を開き、そこで安価な治療費で庶民の病気を治していたという。そうした由来で、安立町となったようである
そのため、安立町には収入が決して良いとは言えない人々が集まってきたそうだ。
そんな彼女に対して、一方の私はといえば、魚の行商で成り上がった青森の商売人の子

孫である。しかも、大学こそ出たものの定職を持たない風来坊だから、釣り合わないこと甚だしい。かつて、私の父はカネボウで働いていたので、カネボウ・ド・ブラジルと縁があり、私と妙子はアマゾン川の河口にあるベレンに行く予定であった。

結局のところ、このブラジル行きは中止になるのだが、彼女の親族にすれば、これといって定職もなく、いきなり地球の反対側のブラジルに行くような男性と交際するなど無茶だという。しごく当然の反応だが、そんな男と結婚する必要はないと言われたようだ。

それでも、私と妙子は何度か会う内、お互いの相性の良さに気付き、結婚を決めるまで長い時間はかからなかった。また、妙子はその頃、信者ではなかったが、結婚後に洗礼を受け、キリスト教信者となった。

それにしても、結婚の経緯を考えると実に不思議な縁だと言わざると得ない。

なぜなら、私と妙子にはそもそも一緒になるような縁もゆかりもない。私の友人の下宿の件がなければ、永遠に交わることのなかった人生である。後々、何度考えても、私にはこの結婚が単なる偶然とは思えないのである。

真理を探究し続け、信仰の道に目覚めたことがおそらく関係しているに違いない。

なぜなら、その後、私が日本人とキリスト教の関係、失われたユダヤ一〇支族、さらには日本人のルーツを探る研究をしていた時、和気清麻呂が突如として出現したからだ。妻の先祖である和気清麻呂の名前が出て来た時の私の驚愕は相当のものだった。

これを単なる偶然と見過ごすことはできない。きっと、あの〝お方〟の大いなる意志によるものとしか思えないのだ。

そういう意味では、この結婚もまた、一つの〝奇蹟〟であるのかもしれない。その証拠に、信仰の道に目覚め、妙子と結婚してから私の人生は徐々に好転し始めるのであった。

妻の革細工工芸品が人気に

ただし、当時の私はまだまだそんなことを考える余裕はなく、結婚したものの、当然、定職はなくその日暮らしの生活であった。

幸い横浜の実家に一緒に住むことができたので雨風はしのぐことができたが、生活費をいかに稼ぐかが大変であった。そんな中、助かったのは妻の内助の功である。

学問ができるだけでなく手先も器用だった妻が、ある時、革細工を始めたのである。

大阪の結核研究所で働いていた時、妻の同僚に父親が絵描きをしている女性がいた。ある時、半ドン（半日勤務）の土曜日、彼女の父親に絵を習いに行くようになった。その内、絵だけでなく、ろうけつ染めなどの工芸品にも興味を持って始めてみたそうだ。

革細工もその一つで、もともとはアメリカの工芸品だという。妻は新聞広告で革細工を教える教室の存在を知って習いに行ったようだが、当時、進駐軍の家族が趣味で作っていたものを教えてもらった日本人が教室を始めたという。

妻が作っていたのは革の表面に細工を施したカラフルな手提げバックだった。

当然、最初は趣味で作っていたので、できたものは自分で使ったり、友人にプレゼントしたりしていた。ところが、偶然、妻が作った革のバッグを見た雑貨商が〝これなら売れますよ〟と言ってきて、販売ルートを紹介してくれたのだ。

そこからはもう大成功で、次々と注文が入って来るようになった。

妻としては最初から利益を考えて作ったものではないので、値段が市販のものより安かったというのも成功の一因であったかもしれない。できたものを業者に卸してもすぐに売れてしまい、次から次へと作らなければ間に合わないほどであった。一時は有田焼で有名で、ハンドメード作品も扱っている東京の賞美堂に卸していたこともあった。

——そんな中、一人息子が生まれる。

妻は子育てと次々入ってくる革細工の注文に追われる日々であった。冬の寒い日など、こたつで仕事をしていると、息子は妻の足をしっかり握ったまま寝入ってしまうようなこともあった。食べていけるだけの収入はあったが、将来を考えると安心はできなかった。

十一献金が実を結ぶ

そんなある日のことである。

私がいつものように教会の礼拝に行くと、牧師先生が、旧約聖書の最後にあるマラキ書を講義された。そこには「十一献金」について書かれていた。

十分の一の献げ物をすべて倉に運び、わたしの家に食物があるようにせよ。これによって、わたしを試してみよと、万軍の主は言われる。必ず、わたしはあなたたちのために、天の窓を開き、祝福を限りなく注ぐであろう。

（マラキ書第三章一〇節）

聖書の中には十一献金についての記述がいくつかあるが、これは、自分の収入から一〇分の一を捧げる献金のことを言う。自分の収穫物から一〇分の一を教会に捧げる行為は古代から行われており、現代では自分が所属する教会に捧げるのが一般的とされる。

私はその十一献金をやってみた。すると、早速、〝祝福〟が注がれたのである。数日後、女性の教会員が私に新聞を持ってきたのである。そこには、兵庫県にある造船所がスペイン語の通訳を募集しているという求人広告が載っていた。

私はそれを見て〝よし！〟と思った。

スペイン語なら大阪外語大学で習っている。それを生かすいい機会だと考え、さっそく履歴書を書いて送ると、書類選考を通って面接を受けることになった。

少し前、その造船所はメキシコの石油公団から一四隻の新造船の注文を受けた。その際、造船所にスペイン語の通訳を置くことが契約の条件となっていたそうで、求人広告を出して新規募集をかけたというのである。

数日後、面接を受けたところ、晴れて合格となったのである。

当時、私は四一歳になっていた。普通なら大した経験もない四〇歳を受け入れることはないと思う。おそらく十一献金のお陰で、これもまた一つの奇蹟だと私は考えている。

二、生命の危機から二度も奇蹟の生還

離職の危機に起きた奇蹟

こうして私は兵庫県の西端にある造船所でスペイン語の通訳を務めることになった。横浜から兵庫県に引っ越し、家族三人の生活となったが、幸いにして妻が革細工を続けなくてもいいほどの収入が得られることになった。

この間の生活は私の人生の中でも非常に穏やかな時間で、月曜から土曜日まで造船所で働き、日曜日は家族で礼拝に出掛けるという日々が長らく続いた。

ところが、平穏な日々も決して永遠に続くことはない。造船所が不況で閉鎖されることになった。残念なことに閉鎖を機に私も解雇されることが決まったのである。

四一歳で就職して一二年の月日が流れて、私は五三歳になっていた。子供も小さく、食い扶持を稼ぐためにも再就職は必須である。ただし、普通は解雇されれば失業保険は長くて半年だが、あの時、特別支給ということで二年間もらえた。工場には一万二〇〇〇人を

超える労働者がいて、中には先行き不安で自殺する人間もいたほどである。

社会問題化したことで失業保険を伸ばすことにしたのだろうと思う。


その時のことである。悩んだ私は、神様に助けを求めた。

造船所が閉鎖になって、これからどうなるか不安になったところ、ある人が赤穂の千草川の上流にある三日月祈祷院を紹介してくれた。

そこはキリスト教の教えをベースにした断食道場でもあった。

ある時、三日月祈祷院で祈ったところ、突然頭の中に学習塾を開くという考えが浮かんだのだ。そして、妻と相談した結果、妻も同意して学習塾を開くことを決めた。

造船所のスペイン語通訳から学習塾への転身はさすがに意外だと思われるかもしれないが、私たち夫婦にとってはそれほど意外でもなかった。実はそれより以前、妻が息子に勉強を教えがてら、同じ学校に通う知人の息子さんたちを一緒に教えていたのだ。その結果、私の息子より学年が一年上だった知人の息子さん二人が志望校に無事合格し、翌年、私の息子も志望する高校に入学した。

そこで、今度は教える子供を一気に増やすことにしたのである。

しかも、私が造船所を辞めたタイミングで、姫路に住む知人から、これまで学習塾に貸し出していた部屋が空いたから使っていいという提案を受けたのだ。これ幸いと私は姫路のその部屋で教えることにして、妻は妻でこれまで通り自宅だが、生徒数を増やすことにして、別々の場所で塾を開いたのである。

妻は小学六年生と中学三年生、私が高校生、いずれも英数の科目を教えることにした。受験対策専門の、いわば、現在の学習塾の先駆けのようなものかもしれない。当時は授業の補習的な意味合いでの塾は多く、学校の先生が自宅で夜間や休日に教えることはあったものの、最初から受験対策で教える塾はそれほどなかったように思う。少なくとも、地元赤穂で高校生を教えたのは私が初めてだった。

するとどうしたことか、広告を出したわけでもなく、口コミであっという間に当初考えていた生徒数が埋まってしまったのである。

学習塾を開くと親の間で評判になり、「うちの子も教えてくれ!」「うちの子も!」と殺到し、宣伝一つしないのに口コミでやって来た。それで月曜と木曜、火曜と金曜、水曜と土曜のそれぞれ三組に分けて、多い時で一〇数人から二〇人くらいを教えていた。

個人営業のようなものであるから、別に塾の名前など決めたわけではなかったが、保護者の間では「安立塾」と呼ばれて大人気となったものだ。部屋に入れる人数には限りがあるため、定員を決めていた。

「安立塾にはなかなか入れない」

私たち夫婦はそんなことは知る由もなかったが、保護者の間ではそんな噂が飛び交っていたようだ。ただし、安立塾が人気だったのは私も分かっていた。よく、「廊下で立ったままでもいいから教えてほしい」と言われたことも一度や二度ではなかったからだ。

五三歳で塾をスタートさせて十一、二年。その間、妻は京都大学の医学部に現役で入れているし、私も岡山大学医学部に三人ほど入れている。そうした実績も大事だが、何より志望校に落ちた生徒が一人もいないのは私たち夫婦の自慢と言っていいかもしれない。

この一連の出来事など、まさに奇蹟として言いようがないのではないだろうか。

骨髄がんが消える⁉

さて、妻との出会いに始まる二人の結婚生活は、当初は苦難の連続であったが、私が造船所に入社して以降は塾も大成功するなど順風満帆と言っていい。

私たちは神に守られ、いろいろな奇蹟を体験した。

その一つが、今から約三〇年以上前、私が六二歳の時のことである――。

姫路で高校生を対象に英数を教えながら、気付くと、私は体に不調を覚えるようになっていた。しばらく様子を見たものの良くなる気配はしなかった。年齢が年齢なだけに、長年の不摂生がたたったのかという思いで、仕方なく病院で診察を受けた。

さっそく精密検査をすることになり、その結果が分かるという日、私の前に座る医師は私の顔を見たまま、なかなか診断結果を口に出そうとはしなかった。

私は怪訝に思って、〝これはもう、一〇〇パーセントがんに違いない〟という考えが頭に浮かんだ。そこで、仕方なく私の方から口を開いた。

「先生、がんじゃないですか？　はっきり言ってください」

私がそう言うと、医師はこう言ったのだ。

「がんだとは思いますけれど……はっきりとした結論が出ません」

やはりそうかとショックを受けた。

その時、私の妻が以前、大阪大学の結核研究所で働いていたのを思い出した。妻に話すと、昔、世話になった阪大医学部の教授で元総長の山村雄一先生なら手助けをしてくれるかもしれないと言ってくれた。山村先生は医学博士で、免疫学の権威でもある。

そこで、藁にもすがる思いで山村先生に頼ることにした。

早速、赤穂の病院でレントゲン写真やカルテなどを借りて、山村先生の元に持っていったのである。すると、それらに目を通すやいなや、山村先生は厳しい目で妻を見て、

「もっと早く来んかい！」とおっしゃった。

はっきり言って、手遅れだったらしい。

山村先生は愛弟子である大阪成人病センターの内科医長を紹介してくださった。

そこで診断を受けたのだが、結診の日の前の晩、私は家がある赤穂から大阪の妻の姉の家に行った。その際、私の頭の中は最悪の診断結果になるかもしれないという思いで悶々としていた。ついついボーッとしてしまい、赤信号に気付かず交差点を過ぎてしまった。

すると、次の瞬間、サイレンが鳴る音がして、バックミラーを見ると白バイ警官が追って来ていたのである。〝しまった！〟と思い、私は車を止めて白バイ警官を待った。

警官に諭されて平謝りした私は、明日、がんの宣告を受けるので、最悪の結果を想像して頭がいっぱいになって信号無視をしてしまったと正直に話した。すると、その警官は違反切符を切るのをやめてくれたのである。

「そんな心境なら仕方ない。この先は気を付けて帰りなさい！」

そういって見逃してくれたのである。私は、警察にも話が分かる人がいると感激した。

さて、その翌日、大阪成人病センターを訪ねた。

診断結果は「骨髄がん（悪性骨髄腫）」であった。

覚悟はしていたものの、最悪の結果だったことに私は意気消沈した。

もう長く生きられない、やるべきことをやっておかないといけない……そんな思いで頭の中はいっぱいになった。少し時間が経って気持ちが少し収まると、私はこう聞いた。

「あと一〇年くらいは大丈夫ですか？」

医師は黙ったままである。

「じゃあ、あと五年？」

そう聞き直しても医師は口を開かなかった。断腸の思いで、

「あと二年？」と聞くと、医師はついにおもむろに口を開いた。

「細く長く生きましょう」——と。

それこそ医師がようやく喉から絞り出した一言であった。

そこで私は「ああしたほうがいい、こうしたらいけないということがあったら教えてください」と聞いた。すると医師は「好きなようにしなさい」と言ったのである。

つまり、残された時間はもうわずかだから、好きなことを気が済むまでやればいいと言

っているようなものだ。その瞬間、私は心の中に猛烈な反発を感じたのを覚えている。

かつて私はクリスチャンになるきっかけとして、シャワーを浴びている時に「もはや我生くるにあらず、キリストわが内にありて生く」という声を聞いたのを思いだした。

自分が今、この瞬間に死んだら、〝あの言葉は嘘だったのか！〟ということになる。神の言葉がむなしく地に落ちたことになるのではないかと考えたのだ。その時、〝死んでたまるか！〟と腹の底から思った。

診察を終えたのは昼ごろだったが、一緒に来ていた妻と病院を出て大阪の環状線、京橋から乗って大阪に行って何か食べようということになった。三番街に着くと、結局、寿司を食べることにした。しかし、彼女は食べ物が喉を通らす、私が二人前を食べた。

赤穂に帰ると、やはりリンパ腺が腫れていた。反発心が巻き起こる一方で、もう駄目なのかと思う気持ちもあった。

その翌週のこと、私は通い慣れた神戸西教会に日曜礼拝に行った。

すると、牧師先生がこうおっしゃられた。

「韓国の教会に招待されたのですが、一緒に行きませんか？」

ご存知のように韓国はキリスト教社会で、人口の約三分の一がクリスチャンだ。

しばらくして、私は牧師先生と一緒に韓国に行った。

現地に着いたその晩、私たちを招待してくださった韓国人の牧師先生に私ががんのことを話すと、彼は私をソウル駅の近くにある祈祷院に連れて行ってくれた。

そこは、韓国人の女性が患部に手を当てて祈るところだという。私は実はそういう場所が嫌いで、逃げて帰ろうかと思ったのだが、その瞬間、次のような聖書の言葉が浮かんだ。

〝幼子のように単純にならなければ決して神の国を見ることはない〟

そこで私は覚悟を決めてベッドに横になると、妙齢の女性がやって来た。

彼女は名をキム・ヨンスクと言い、韓国では〝祈りのお母さん〟と呼ばれているという。

そして、おもむろに私の体に両手をかざし始め、私は目を閉じて成り行きに任せた。

……すると、私は唐突に体中が焼けるような苦しみを感じて暴れ回るしかなかった。周りの四、五人が暴れる私をみんなで押さえ付けていた。

そして、自分の体を見ると、胸のあたりが熱湯をかけられた後の火傷痕のように赤茶色になっていたのだ。しかし、表面が赤茶色になっただけで痛みやかゆみも全くなかったのが実に不思議であった。

その祈祷院には日本に帰るまでにもう一回行って、同じことをしてもらった。

さて、日本に帰ると、驚いたのは私の胸の赤茶色の痕跡を見た妻である。

「いったい何して来たん？」

そこで私は、韓国の祈祷院でのできごとを全て話した。

数日して胸の痕跡は消えたが、それからしばらくして明石の成人病センターに行って検査したところ、何と、症状が改善していたのである。これには大いに私も驚いた。理由として思いつくのは祈りのお母さんの一件の他には何もない。

結局、神様は癒そうと思ったら簡単で、癒すまいと思ったら絶対癒さないという。私の場合は完全に癒されたのであろうと考えたのだ。


数年後、別件で血液検査をしたことがあり、その際、先生に「以前、私は骨髄がんだと言われたのですが、治ったのです」と打ち明けたところ、「誤診だ」と笑われたことがある。もちろん、一人の医師の診断なら誤診で済ませたかもしれないが、そう判断したのは一人だけではなく、何より免疫学の権威である山村先生の診断が間違いであるはずがない。私が骨髄がんであったのは間違いなく、また、韓国から帰った後で骨髄がんがきれいさっぱりなくなったのも事実なのだ。これを奇蹟と言わずして何と言うのだろう。

冒頭に記した奇跡と奇蹟の違いで言えば、九死に一生を得たこの場合は奇跡かもしれないが、読めばお分かりのように私の生還にはキリスト教が大きく関係しており、私は奇跡より奇蹟がふさわしいと考えている。

大動脈解離からの生還

私の場合、大病からの奇蹟の生還は、何とこの時の一回にとどまらない。

平成二六（二〇一四）年のことだが、三ノ宮のバイブルハウスで行われた勉強会に参加していて、突然倒れたことがある。

ここから先は後から聞いた話だが、すぐに救急車が呼ばれたそうだ。

救急車がやって来ると、たまたまそこにいた医師免許を持っている方が「これは小さな病院では対処できない、大きな総合病院でないとダメだ」と救急隊員に助言してくれたという。そこで、神戸の日赤病院がいいということになった。

救急車で運ばれる途中で多少だが意識が戻ってきた。すると、私の意識が戻ったことに気付かない救急隊員がひそひそ話をしていた。

もう駄目やな……という声が聞こえたが何の不安もなかった。

神戸の日赤病院に到着するや否や検査が行われた。

診断結果は大動脈解離であった。大動脈解離と言えばほぼ助からない重篤な病気である。妻から私の病名を聞いて横浜の自宅から駆け付けた息子も、葬式用の写真と喪服を持ってきたという。息子は〝おやじ、もうアカンな……〟と思ったそうだ。

ところが……自分でも驚くことに、数日後、救急病棟から一般病棟に移る頃には元気になっていたのである。食欲はあるし、歩き回ることもできる。

これならもう問題ないだろうと思って、私は担当医師に聞いた。

「もう退院してよろしいですか？」

すると医師は顔を赤らめて、こう言い放った。

「馬鹿もん！　少なくとも三カ月は入院しないといかん！」

しかし、そんな風な驚異の回復力であるから三カ月もかかるはずがない。なんと、わずか三週間で退院することができた。それ以来、私の体に異常が起こることはなかった。

――一年後、病院で再検査を受けた。その際、これからどういう生活を送ればいいのか質問したことがある。

「先生、してはいけないこと、してもいいことがあったら教えて下さい」

するとと医師はあきれ顔で、こう言い放った。

「教えて欲しいのはこっちや！」

担当医師も、私の回復具合を見てびっくりしていたようだ。

もはや私には病気に対する恐れもないし、不安もない。

なぜなら、肉体は仮の姿に過ぎないからだ。仮の姿である体が悪くなっても私には全然問題はない。私には当然のことだが、他人にしてみれば、そういった感覚は常識とは言えないだろう。頭で考えて体得できるものではない。

理屈ではなく、まさにこれこそ信じるか信じないかの二者択一ではないだろうか。要するに、幼子のように素直に単純になれば奇蹟は起こるのだ。

三、スペインでの移住体験で日本を見直す

神戸の震災後、スペインへ

大阪外国語大学でスペイン語を習得し、いつかはあまり好きでない日本を出て外国で暮

したいと考えていたが、それが実現したのは今からもう三〇年近く前の平成七（一九九五）年一月一七日に起きた阪神淡路大震災がきっかけだった。

ご存知のように神戸の街は甚大な被害を受け、都市機能は損なわれ、尊い命がたくさん奪われて今でも心の痛みを抱えたまま生きる人も多いと思う。

震災からしばらくして、顔なじみの女性が、二人の娘さんを連れてスペインに移住するという話を聞いた。

彼女はアメリカで人気を博して日本でも有名な画家の妹さんで、京都外国語大学で教授を務めるユダヤ系スペイン人のご主人と暮していた。ご夫婦の二人の娘さんが通っていた神戸のインターナショナルスクールが震災で倒壊してしまったことから、娘さんをスペインで教育を受けさせようということになり、父親は日本に残って母娘でスペインに渡ることになったという。

そこで私たち夫婦も便乗して、スペインの永住権を獲得して移住しようということになったのである。

私たちが住んだのはスペイン南部のアンダルシア州で、マラガ湾に面したリゾート地のコスタ・デル・ソルである。気候も温暖で年平均気温は一九度、実に年間三〇〇日は晴れの日という、まさに〝太陽海岸〟にふさわしい土地だった。

コスタ・デル・ソルは騎馬警官がパトロールしていて治安も良く、物価も安かった。たとえば、プール付きの立派なマンションでも賃料が月に六、七万円と割安で、食材も牛肉一キロが三〇〇円程度と実に安い。しかも、港町なので魚も食べ放題で、市場を歩いていると、よく漁師から「トロあるよ！」などと声を掛けられたものだ。スペインではトロはあまり好まれないので一番安いのである。

また、コーヒー一杯三〇円、ビールも一杯九〇円程度と日本に比べてかなり安いので、私は毎日海で泳いでは、疲れるとバール（カフェ兼居酒屋）でコーヒーやビール、ワインを飲んで、顔見知りになった人とのんびり話をしたものだ。

スペインで特に親交を深めたのはユダヤ系スペイン人だ。

先に書いたように、そもそもスペインに来た動機がユダヤ系スペイン人である京都外国語大学の教授とそのご家族である。

また、スペインで知り合った若い女性もユダヤ系スペイン人で、いろいろ事情があるので、その結婚の際、私と妙子は親代わりとしてお世話をした。

国籍も人種も、年齢も多様、考え方も違う人たちと話しているといろいろな発見があるものだ。そして、会う人、会う人が「日本はいい国だ」と口を揃えて言っていた。日本が好きでなかった私にとっては意外な見方だった。

みんな年齢が高めなのでお金や健康の話が大きなウエートを占めるのだが、よく「お前ら日本人は金持ちじゃないか」と言われた。確かに、年金一つ取っても、スペイン人は月に五万円、イギリス人は一三万円、フィンランド人は一〇万円だった時代に、日本人の私は二三万円ももらっていたものだ。イギリス人の高齢者は三〇万人も住んでいた。また、彼らは口々に、日本人は正直で礼儀正しいし、勤勉であると言っていた。

確かに日本人は馬鹿が付くほど正直なのは本当かもしれない。しかも、私はそれまでさまざまな外国に行ってきたが、日本ほど治安がいい国もめったにない。スペインだって、コスタ・デル・ソルを一歩出ると治安は良くはないし、街角には物乞いが座っていた。また、街を歩いていれば、日本人と見るや否や、次々とスリが寄ってくる。油断も隙も無いのは確かだった。

――スペインに来て約一年が経った頃には、私は日本も案外捨てたものではないと思うようになった。その頃、妻が「帰りたい」と言い始めて、私は日本への帰国を決めた。

少しずつ日本の良さに目覚めてくると、キリスト教徒たるもの、自分の母国、同国人を愛せないようではいけないと思ったのも帰国理由の一つだ。日本に帰ったら日本の歴史を勉強し直してみるのもいいかもしれない……そんな気持ちで約一年ぶりに帰国した。

帰国後、日本の歴史を勉強し直してみると、学校では教えてくれないようなことがたくさん分かってきた。学校の歴史で学ぶ内容はほんの少しで、自分から興味を持って調べてみると、これまでは知らなかった日本史の側面が見えてきたのである。

その一つが、日本の神道、皇室はユダヤ起源であるということだ。そして、妻の先祖である和気清麻呂が、渡来ユダヤ人である秦氏と密接な関係があり、秦氏の力を借りて京都の平安京を造ったことなどを知った。

また、日本は太平洋戦争に負けて、東京裁判で裁かれたが、実は日本が戦争をするように仕組んだのはアメリカであり、日本軍の真珠湾攻撃の前に米軍の潜水艦が日本海軍に攻撃を仕掛けていることも知った。

しかも、欧米諸国は世界中を植民地化し、現地人を奴隷化しているのに対し、日本は台湾、韓国など東南アジアを領土にはしたけれど、奴隷化ではなく同一化しようとしたのだ。その国の国民を奴隷化することなく、学校を作ってしっかり教育も行っていたのである。だから、台湾は今でも親日国家で、インドなどはイギリスからの独立に日本が大きな役割を果たしてくれたと今も日本に感謝している。

外国に住んで日本を外から見てみることで、今まで気付かなかった日本の良さが見えてきたのである。日本嫌いが一転して〝日本は素晴らしい〟〝こんな安全な国はない〟と思うようになり、ますます日本のことを深く知りたいと思うようになった。

断食がもたらす奇蹟

その一方で、私の骨髄がんを消滅させたキム・ヨンスクさんが断食で霊的な力を得られたと聞いて、私も断食を考えた。彼女が日本に来た時に相談したところ、「韓国で断食するといいでしょう」という助言を得て、韓国で断食をすることになった。

ところが、前述した三日月祈祷院の院長先生とも親しくしていたので断食のことを話すと、「韓国まで行かなくても、うちで断食したらどうでしょう?」と勧められた。

そこで、三日月祈祷院にある断食小屋で平成一三（二〇〇一）年の九月一七日から断食を始めることにした。目標は四〇日間だった。

なぜ四〇日なのか?……これは旧約聖書の中で、モーセがシナイ山で神から律法「十戒」を授けられるまで四〇日四〇夜にわたって断食した記述に因んでいる（出エジプト記第三四章二八節）。また、新約聖書のマタイ伝などにはイエス・キリストが三〇歳で伝道を始めたすぐ後、サタンの試みを受けるために荒野で四〇日間断食したとも書かれており、キリスト教では四〇日が一つの目安なのである。

さて、イエスは御霊によって荒野《あらの》に導かれた。悪魔に試みられるためである。そして、四十日四十夜、断食をし、そののち空腹になられた。

（マタイによる福音書第四章一、二節）

四〇日四〇夜の断食を終えたイエス・キリストは、悪魔からの誘惑に打ち勝ち、真の神の子となるのである。

こうして私も四〇日四〇夜の断食への挑戦を始めた。一日、二日……五日、一〇日、二〇日と順調に断食を続けていたのだが、三二日目のことである……私は朦朧とした意識の中で、一つの幻のようなものを見た。

それは聖書に書かれたエピソードで、贅沢三昧をしていた金持ちの男のところに貧しいラザロという男がやってきて、食卓から余ったものを食べていた。金持ちの男は死んで地獄に行くのだが、ラザロは天に昇ってアブラハムのところに行った。

そんなイメージを見せられて、私はもう駄目だと悟った。

私は「イエス様！」「イエス様！」と大声で叫び、イエス様の手を掴んで、この手を離したら地獄に落ちると必死になった。

気付くと、異変に気付いて断食小屋の外に来ていた院長先生が私を呼んでいた。その瞬間、私は〝エンジェルが来た！〟と思った。

そして、「もう断食はやめた！」と言って小屋を出たのである。

――それが三二日目のことである。あと三日断食して三五日目を迎えると、今度は残り五日かけて少しずつ食事をして社会復帰できるようにしていく。つまり、完全な断食はあと三日で、それができれば四〇日間の断食をしたことになるわけだ。

ところが、神様は私にそれを完遂させなかった。

三〇日以上も断食して、地獄に落ちる夢を見た。三〇日以上も断食すれば祝福こそあるのかと思ったら、待っていたのは地獄に落ちる夢だった。私はずっと、そこに何の意味があるか自問を繰り返したが、最近ようやくその意味が分かって来た。

そもそも人間は罪人であり、地獄に落ちる以外ない存在なのだ。

しかし、地獄に落ちるべき人を救うためにイエス・キリストが来てくださったのである。

我々と同じ生ける辛酸を舐められて、我らの罪咎《ツミトガ》の一切を背負って、最後は十字架につき、肉を割かれ、血を流し墓に葬られた。そして、黄泉に下り、三日目に罪と死とサタンを滅ぼして甦ったのである。つまり、イエス・キリストは罪のために死んだのだ。

断食失敗の経験は私に罪を分からせてくれたのであり、それが分かったことが大きな恵みだったのだと感謝している。断食祈祷を決死の覚悟でやったことで、神様はそれを見て下さったと思う。神様を信じたら、常識では考えられない奇蹟を起こしてくれるのだ。

旧約聖書によると、ユダヤ人は定期的に断食をしていたという。

断食は物を体に取り入れないだけでなく、体の毒素を抜く、不純物を流し去ってバランスを整えるという意味合いもあるというから、体にとってはプラスの行為なのだ。

断食がつらいのは最初の空腹感が増してくる三日目ごろで、私もそうだった。

一日目、二日目は水だけしか取らないが、三日目に重湯をちょっとだけ飲むと元気が出て再び集中できてくる。栄養的に不均衡になっている体内のバランスを良くして、不要物を全部水で流し出してしまうという仕組みだ。

毒素が体から排出されてバランスが取れるというのだから、たいていの病気は治るという。実際、三日月祈祷院には断食を体験した人が置いていった杖が何本も残っている。なぜ杖が何本も残されているかというと、祈祷院に来るときは足が悪かった人が、断食を実践することで足の具合が良くなり、帰る時に不要になった杖を置いていくという。

もちろん、そうした健康的な面だけではない。精神的にも一つのことを成し遂げたという達成感が得られるのも断食のいいところだ。

その後一〇年以上にわたって、私は二、三日～一週間の断食を、年に二、三回実践していた。おそらく、合計して一〇〇回くらいは断食していると思う。当時の私にとって、断食は健康法の一つとなっていたのは間違いない。

生きて信じる者は死なない

さて、これまで、私に聖書の言葉が降りて来たことが三度ある。

最初は第一章に記した一五歳の時の「真理とはなんぞや！」であり、二度目はキリスト兄弟団の松本牧師が訪ねて来た時で、これも第一章に記した。

最期の三度目は一七、八年前のことである。

その日、私は妻と一緒に富士霊園に墓を買いに行った。私たちは分家なので、本家の墓に妻の両親の遺骨を置いてあるのだが、妻はわが家の墓が欲しいと考えたのだ。しかし、富士霊園に着いた時、こんなイエス・キリストの言葉が私の耳にはっきりと聞こえた。

「生きていて、わたしを信じる者は、いつまでも死なない」

これはヨハネによる福音書第一一章二六節にある言葉だ。その聖句のすぐ前に書かれた「わたしを信じる者は、たとい死んでも生きる」はよく言われる言葉であるが、その次の言葉は意外に知られていないもので、それがどこからともなく聞こえたのだ。

死なないのなら墓はいらないわけで、その瞬間、墓を買う気がしなくなった。

神戸に帰って私の教会の小柴牧師へその話をすると、牧師は「私もイエス様の再臨（再び地上に来ること）の幻を見た。イエス様の再臨は近い」と言われた。その時、生きていて信じる者は生きたまま天に上げられるのだ。だから墓は無用!!

約一五年後、この小田原の老人ホームに入居したが、三階の私の部屋から富士山が実にきれいに見える。私は驚いた。

「生きて信じる者は死なない!!」

神様の御言葉は絶対空しく地に落ちない。

驚き!!

感謝!!

第三章　聖書の預言は全て真実

一・聖書に記されたさまざまな預言

人類史上最大のベストセラー

さて、ここからはキリスト教の信仰と奇蹟について聖書を基に繙《ひもと》いていきたい――。

キリスト教を信仰する上で、最も重要なのが聖書の存在である。

聖書は過去に起きた出来事が記された歴史書であるだけでなく、これから起こる未来のことも記された預言の書でもあり、さらには人間が生きる上での指針を示してくれる指南書、あるいは人生のマニュアルのようなものでもある。

私はこれまで数えられないほど聖書を読んできたが、その度に発見がある。今も毎朝、聖書を一章くらいずつ音読している。何度も読んだものだが、読むたびに新鮮な気持ちになり、私の心を平穏で満たしてくれる。

その意味では、この世に聖書という存在があったことに感謝せざるを得ない。

口語訳聖書や文語訳聖書、これまで何冊もの聖書を読み込んできた。日々の人生の中で何らかの迷いがあった時、答えを探す手助けとなるもの……私自身、人生の指南書のような意味合いで長年聖書と接してきたのである。

聖書（旧約聖書）は次のような言葉で始まる。

はじめに神は天と地とを創造された。地は形なく、むなしく、やみが淵のおもてにあり、神の霊が水のおもてをおおっていた。

神は「光あれ」と言われた。すると、光があった。（創世記第一章一～三節）

創造主である神は、六日間という期間をかけて、段階的に万物を創造した。

光と闇の区分、天と地の水の分離、陸地と植物の出現、太陽と月、海洋生物と翼のある動物の出現、そして六日目に神は地上のあらゆる動物を創造し、最後に、神に似た「かたち」を持つ者として、最初の人間であるアダムを創造した。そして七日目に、神は全ての創造の仕事を休んだのである。

このように、聖書には神がこの世界を作った経緯が記されている。これらの出来事は紛れもない事実であり、この世界は創造主である神が作ったものなのだ。その意味でも、聖書に記されているのは人類の真の歴史に違いない。

そして、人類の真の歴史を書いた者……それは一人ではなく何人もいるが、その背後に存在しているのは誰あろう「神」である。そんな「神の言葉」が、混沌の中を生きる人間にとって一筋の光明であることは間違いない。

しかも、聖書の素晴らしいところはそれだけでない、前述したように、ある時から聖書は歴史書でもあると思うようになった。しかも、過去だけでなく、現在から未来へと至る時間軸に起きる出来事がすでに書かれていることに私は大いなる畏怖を感じざるを得ない。そのことを知った時、私は大いに驚愕すると同時に、神の存在の偉大さを知った。聖書を読めば読むほど、歴史が聖書の通りに進んでいることが分かる。

私が最初にそのことに気付いたのは、平成一五（二〇〇三）年一一月であった。

アシェル・ナイム元大使との交流

平成一四年（二〇〇二）年八月、私は教会の仕事でエチオピアを訪れた。エチオピアで聖書を配布し、その後にイスラエルで研修を受けるという計画に参加した。

エチオピア自体にあまり関心はなかったが、イスラエルはキリスト生誕の地であり、以前からぜひ行ってみたいと考えていた。イスラエルは〝歴史の日時計〟とも言われ、その前年の九月一一日に起きたアメリカにおける同時多発テロ事件を聖書の光に照らしてみると、イエス・キリストの再臨が極めて近いと考えたからだ。

ぜひイスラエルに行って、この目でそのことを確かめたかったのである。

私はエチオピアでの聖書の配布を終えて、エチオピア航空の飛行機でアラビア半島沿いに北上し、イスラエルに到着した。

エルサレムでは一人で市内見物をし、「死海文書」で有名なイスラエル博物館を訪ねた。死海文書とは、一九四七年以後、死海北西部沿岸の洞穴や廃虚で発見された九七二からなる羊皮紙やパピルスの古写本の総称でヘブライ語聖書（旧約聖書）と聖書関連の文書からなるものだ。現在、イスラエル博物館内の死海写本館に展示されている。

博物館で私は観光客用のガイドツアーに参加したのだが、その際、品のある老婦人がボランティアガイドとして私たちのグループを案内してくれた。その立派な解説ぶりに感心したのだが、ガイドツアーが終わると私のところに来て、突然こう言ったのには驚いた。

「お元気」

なんと流暢な日本語を話したのだ。びっくりして詳しく話を聞いてみると、彼女は名をヒルダ・ナイムさんと言って、元外交官のアシェル・ナイムさんの奥様だった。二人が結婚して最初の赴任地が日本だったらしい。

「日本での日々はハネムーンのようで、とても懐かしいところです」

彼女はそう言って、私たちは大いに盛り上がった。

別れ際、彼女からあることを頼まれた。それは東京にあるホロコースト教育資料センターに本を届けて欲しいという依頼であった。もちろん、私は承諾し、帰国後、東京の品川にあるホロコースト教育資料センターにその本を届けてきた。

そして、翌年五月、再びイスラエルに行くチャンスがあった。エルサレムに到着早々、私は昨年お会いしたヒルダさんに電話をした。

「明日おいで！　一緒に昼食でもいかが？」

ヒルダさんにそう言われて、私は快諾した。

翌日、ヒルダさんのご自宅を訪ねると、ご主人のアシェルさんを紹介された。そして、美味しいランチを一緒にいただきながら、お話を伺った。

アシェルさんは東京にあるイスラエル大使館に勤務しただけでなく、個人的にも日本の歴史や文化に造詣が深く、昭和天皇の末弟・三笠宮崇仁親王にヘブライ語の指導をされたこともあるという立派な方だった。

そんなアシェルさんから、私は日本語の著書二冊と、英語の著作〝SAVING THE LOST TRIBE〟をいただいた。〝SAVING THE LOST TRIBE〟とは直訳すれば「失われた種族の救出」ということになるが、詳しく話すと、アシェルさんがエチオピア大使在任中の一九九一年に起きた「ソロモン作戦」の顛末を記したものである。

一九八〇年代以降、エチオピアは〝アフリカの暴れん坊〟とも呼ばれた独裁者メンギスが支配する共産国家であった。しかし、一九九一年にソビエト連邦が崩壊すると、共産党の後ろ盾をなくしたメンギス政権は弱体化していく。一方で反乱勢力は力を得て、首都アジスアベバを包囲し、じりじりと包囲網を狭めていった。

追い詰められたメンギスは〝黒いユダヤ人〟を人質に取り、イスラエルとアメリカに武器と資金を要求してきたのである。この黒いユダヤ人こそ、二千数百年前にエチオピアにやって来て、ユダヤ教の伝統を守ってきた「ベタ・イスラエル」、または「ファラシャ」とも呼ばれるユダヤ人のコミュニティに所属する住民たちなのだ。

この危機に対処するため、急遽、エチオピア大使に任命されたのがアシェルさんだ。

その頃、アシェルさんはフィンランドでの任期を終えたばかりで、しばらく骨休めをしようと考えていたそうだ。しかし、エチオピアのイスラエル大使館のトイレに仕掛けられた爆弾が爆発する事件が発生し、それを機に当時のエチオピア大使が辞任したことからアシェルさんに白羽の矢が立ったのだ。

当時のイスラエル首相イツハク・シャミルは、ベタ・イスラエルのイスラエル送還を命じたため、アシェルさんは独裁者メンギスと交渉に当たることになった。

困難な交渉の末、ようやくベタ・イスラエルのイスラエル送還が決定する。

そして、一九九一年五月二四日午前一〇時、エチオピアのボレ国際空港（アジスアベバ）にイスラエルのボーイング７４７が三五機飛来し、ボレ国際空港とイスラエルのベン・グリオン国際空港（ロード）の間、片道二四〇〇キロを約四時間かけて何度も往復し、ピストン輸送で翌二五日午前一一時まで（二五時間）に一万四二〇〇人ものベタ・イスラエルをイスラエルに帰還させたのだ。

周辺はすべてイスラム圏であり、いつミサイルで撃ち落とされてもおかしくない非常に危険な大作戦であった。その勇気ある作戦は「ソロモン作戦」と呼ばれている。

かくして数千年ぶりに黒いユダヤ人ベタ・イスラエルは故国イスラエルに帰還した。

私はその作戦の話をするアシェルさんに感嘆し、またの再会を約束して別れた。

それから約半年後、聖書を読んでいた私は、偶然、ゼパニヤ書第三章一〇節を読むに至って驚愕した。そこにはなんとこう記されていたのである――。

わたしを拝む者、わたしが散らした者の娘は、
エチオピヤの川々の向こうから来て、わたしに供え物をささげる。

その瞬間、聖書が強烈なリアリティーを持って私に迫って来るのを感じた。

なんとソロモン作戦自体が聖書に記されていたのだ。聖書は福音の書であると同時に歴史書である……そこに書かれた事実が、私に非常に大きな感銘を与えてくれた。

この預言は聖書が書かれてから実に四〇〇〇年近く後の一九九一年に成就したものであり、私はその舞台であるエチオピアを訪ねただけでなく、かつソロモン作戦に深く関わられたイスラエル外交界の大物アシェル・ナイムさんと親しく会うことができた。

聖書がまさに預言の書であることの「証《あかし》」ではないだろうか。

その後も私とアシェルさんご夫妻との交流は続いた。

アシェルさんご夫妻が来日した時、お二人で拙宅に足を運んでいただいたこともある。

また、ある時などアシェルさんが日本で講演をしたいというご意向があると伺った。私のような一介の信者が出る幕ではないと思い、イスラエル在住の西海馨師を紹介した。

彼女は当時、宣教師としてエルサレムに住んでおり、英語、中国語、ヘブライ語に通じ、翻訳関係の仕事もしておられる。また、イスラエルのヘブライ大学に在学中で、聖書やユダヤ事情に詳しいことから、アシェルさんの意向を汲んで日本で講演会をコーディネートするには最適の方であると考えたからだ。

期待通りアシェルさんに気に入られただけでなく、彼女が日本に帰国中は、夫人から「早く彼女を私たちのところへ返してください」といった催促の手紙があったほどだ。

アシェルさんの講演会を通して、①聖書の預言は必ず成就すること、②イスラエルは、失われた一〇部族も含めて最終的に必ず回復されること、③主のご再臨は間近いこと…神様はこれらのことを同胞に知らせようとしておられると感じた。

この、エチオピアの黒いユダヤ人のイスラエル帰還を巡る聖書の預言は、私に深い関心を抱かせた。と同時に、聖書の偉大さを改めて私に感じさせた。現実の出来事が聖書にすでに記されている……こうした事例は聖書において枚挙にいとまがない。

しかも、興味深いことに、聖書には日本を連想させる国さえも登場するのである。

私はそのことを知った時、それほど驚かなかった。すでに歴史書としての聖書の存在を認めていたからである。日本が聖書に書かれていても、それは当然の出来事なのだから。

聖書は歴史書でもある

この世界に存在する書籍として唯一無二の存在、それが聖書である。

世界中で最も読まれている本としても知られる聖書だが、なぜ、聖書がそこまで世界中の人を魅了しているのだろうか。その最大の理由は、聖書が「神の言葉」として広く認められている点にある。

ここで、まずは聖書とはどんなものかについて書いておきたい。

まず初めに、聖書とは一つの書物ではない。

聖書とは六六冊からなる、いわば書物群のようなものであり、内容としては前半の旧約聖書（三九書）と後半の新約聖書（二七書）に分かれている。

一般に知られている聖書は、神の言葉「光あれ」から始まる創世記が記された旧約聖書であろう。創世記にはアダムとエバ、ノアの箱舟のエピソードなどが記され、新約聖書の最後にはヨハネの黙示録（ハルマゲドン）などが記されている。

執筆が始まったのは約三五〇〇年前で、それから約一六〇〇年もの年月をかけて徐々に完成したと言われている。旧約聖書はヘブライ語（一部はアラム語）で、新約聖書はギリシャ語で書かれている。最後の書簡ヨハネの黙示録は紀元一世紀末に書き終えられた。

旧約、新約の約とは〝契約〟のことであり、旧約は古い契約、新約は新しい契約が書かれており、分かりやすく書くと、イエス・キリスト生誕以前のことが書かれているのが旧約聖書で、イエス・キリスト生誕後が書かれているのが新約聖書である。

聖書は人類史上、最も多くの人々に読まれてきた書物であることは間違いない。

ある調査では、一九世紀と二〇世紀で約三八八〇億冊が販売・配布されたと推定されている。この数字は世界中のベストセラーが束になっても勝ち目がない。しかも、聖書はこれまでに約二八〇〇もの言語に翻訳されており、こんな本は聖書以外に存在しない。

一般的に古代文書の多くには非科学的な記述が多いものだが、聖書の記録は、最先端の科学と照らし合わせてみても驚くほど正確なのである。

一例を挙げると、ノアの箱舟と大洪水については後程詳しく述べるが、このノアの箱舟に似た大洪水を巡るエピソードはバビロニア神話など他の古代文書にも見受けられる。だが、バビロニア神話に記録されている箱舟のサイズは船舶の形として全く理に適っておらず、水に浮かばせようものなら、すぐに転覆してしまう欠陥品だという。ところが、聖書に記されたノアの箱舟は全く違い、神が指示した箱舟は現代の巨大タンカーなどにも用いられる黄金比（三〇：五：三）で設計されているというから驚く。

他にも、地球が丸いこと（イザヤ書第四〇章二二節、ヨブ記第二六章九、一〇節）や、地球が無の空間の中に浮かんでいること（ヨブ記第二六章七節）など、科学的に立証されているデータを挙げればきりがない。こうした記録が科学的に正確であるということは、聖書がまやかしの伝説ではなく、事実に基づいて書かれたことを物語っている。

それでもなお、聖書の記録の信頼性はこれまで批判の的とされるところであった。しかし、実は新たな科学的発見によっても聖書の信頼性は立証されている。

試しに聖書の創世記第一九章を開いて欲しい。

そこにはソドムとゴモラの滅亡に関するエピソードが記されている。

主は硫黄と火とを主の所すなわち天からソドムとゴモラの上に降らせて、これらの町と、すべての低地と、その町々のすべての住民と、その地にはえている物を、ことごとく滅ぼされた。

（創世記第一九章二四、二五節）

聖書にそう書かれているが、この話は二〇世紀に入るまで信憑性を疑われてきた。ところが、一九二四年にW・F・オルブライト博士とM・G・カイル博士とが探検隊を率いて死海付近を探索したところ、その地域から多数の土器などの遺物と硫黄が混ざった泥灰土層《でいかいど》を発見したのである。この発見は紀元前二〇〇〇年頃に繁栄していた都市の住民が突然消え失せたこと、その原因が噴火による火と硫黄であることを証明するものだった。ソドムとゴモラの滅亡に関する聖書の記録は歴史的事実だったのだ。

進化論は間違いである

ノアの箱舟やソドムとゴモラの滅亡原因が事実であったことを踏まえれば、地球で初めての人類であるアダムと、アダムのあばら骨から作られたエバの存在も確かであることは間違いない。では、アダムとエバが実在したということは何を意味するのか？

そう、それはチャールズ・ダーウィンが唱えた「進化論」が誤りであるということだ。そもそも進化論とは、人間は原初の海の中に存在する塵芥のような微生物から進化したという学説だ。原始生物はやがて魚類となり、次に陸に上がり、爬虫類を経て類人猿となり、最後に二足歩行となって今のような霊長類（ホモ・サピエンス）となるという考え方だ。

いわゆる〝人間は猿から進化した〟という考え方である。

もし、それが真実ならば、現在、この世に存在している猿もまた将来は人類に進化するのだろうか。映画や小説のようなフィクションでよく描かれるような突然変異をもたらす何らかの外的要因があればともかく、数億年という時間をかければ、今生きている猿はやがて人間に進化し、言葉を話し、字を書き、服を着て働き始めるというのだろうか。

となると、それこそ何億年後の人類はどんな風に進化しているのだろう。

――それはともかく、つい昨日までエラ呼吸で水中から酸素を吸収していた生物が、突然陸上に上がって、口から酸素を取り入れて生存することが可能なのだろうか？　同様に、それまで陸上を歩いていた生物が突如として空を飛べるようになるものだろうか？

もし、百歩譲って進化論が事実とすれば、進化の過渡期に相当する生物、あるいは失敗した生物もいなければならない。そうした試行錯誤中の生物の化石が見つかっていないのはなぜなのか。進化論を考えれば考えるほど袋小路にはまってしまうのだ。

実はこの進化論、いまだに仮説でしかない。仮説でしかない進化論より、聖書に記されているように神の仕業であると考えたほうが合理的であると私は確信する。

参考までに述べると、アメリカ人の半数以上は進化論を信じていない。世界的に見ても神による創造論を支持する人々の数は少なくはなく、多くの国で三～五割になるという。

結局のところ、聖書に書かれているように、猿は猿、人間は人間、象は象として神が作った存在なのである。進化論は間違っており、人間は万物の霊長などではなく、万物を管理するために神は人間を神に似たものとして作ったのだ。

神が「光あれ！」と言ったから光があり、アダムとエバがエデンの園で知識の木の実を食べたことで人間は死ぬようになった。神を否定し、サタンのささやきにだまされて知恵の木の実を食べ、善悪を知って神のようになると考えたのが罪の根源であり、その時から不死だった人間に死が訪れたのだ。

それ以前、神は人間を永遠に生きるものとして創造したと考慮するならば、ノアが九〇〇歳以上生きたことは真実であろう。現在、私は九〇歳を超えているが、人に年齢を話すと不思議がられることがある。私が長生きしているのは神を信じているからに違いない。

こうしたことから考えると、聖書に書かれたことは全て事実である。

聖書が神の言葉であることを示す何よりの証拠は、過去に成就してきた預言の数々であろう。聖書には次のような一節がある――。


いにしえよりこのかたの事をおぼえよ。わたしは神である、わたしのほかに神はいない。わたしは神である、わたしと等しい者はいない。わたしは終りの事を初めから告げ、まだなされない事を昔から告げて言う、『わたしの計りごとは必ず成り、わが目的をことごとくなし遂げる』と。

（イザヤ書第四六章九、一〇節）


つまり、神は終りの事を初めから告げ、まだなされない事を昔から告げて言うのだ。

さて、聖書に記された預言の中でも、最も重要なのはイエス・キリストの出現に他ならない。聖書にはこの救い主（メシア）＝イエス・キリストに関する一一一もの預言があるが、それらは全てイエス・キリストの生涯を通して成就している。

イエスは地上を去る前、弟子たちに「あなたがたは力を受けて、エルサレム、ユダヤとサマリヤの全土、さらに地のはてまで、わたしの証人となるであろう」（使徒行伝第一章八節）と告げたが、この預言通りにイエス・キリストについて書かれた聖書は、世界で最も広く頒布される本となっている。

一一一もの預言がイエス・キリストによって成就するという出来事がいかに途方もないことなのか考えてほしい。たとえば、歴史上のある人物に聖書にある八つの預言が偶然成就する確率は十京分の一（一〇の一七乗）だそうだ。

イエス・キリストによって一一一もの預言が成就したことは、聖書の預言が単なる戯言ではなかったことの証である。遠い未来に起きる事柄を正確に預言することは、絶対的な力を持つ神でなければできない仕業である。

つまり、聖書の預言とその成就率を照らし合わせてみると、聖書の預言が全知全能の「神」によって成されたものであることを証明しているに他ならない。

人類救済のプログラムとは？

しかし、聖書が神の預言であるとすると、なぜ全知全能の神は、人間に対して自然災害や飢饉、テロや紛争、金融危機、貧富の広がりなど、多くの苦痛を与えるのだろうか？

このことに疑問を覚える人も多いと思う。神について語る時、あるいは信仰（聖書）を論じる時に避けては通れない疑問だ。

「もし神が存在するのなら、無理難題をなぜ人類に押し付けるのか？」

……この重要な疑問に答えるためには、聖書に記された最初の人類の創造から始まる真実の歴史について知ることが重要である。


聖書の創世記第一章～第二章には、神がどのような段階を経て、天と地と人類を創造したのかが描かれている。

創世記の六日目に神はエデンと呼ばれる園を作り、そこにアダムを置いた。続いて、神はアダムを深い眠りに入らせ、彼のあばら骨の一つを取り、そこから最初の女性であるエバを創造する。アダムはエバを見て大変喜び、二人は正式に夫婦関係で結ばれた。これが人類史上で最初の結婚である。

ここで、神がアダムを「神のかたち」に似せて創造したという部分は非常に重要な意味を持つ。神のかたちとは外面的な形状だけでなく、内的な性質をも表しているのだ。それでは、人間に受け継がれた神の内的な性質とは何だろうか？

私はそれを自由意志と倫理性、創造性、そして、不死性と考える。

自由意志とは理性を持つ者が自らの責任において決定をする意志のことで、これがなかったら人間はロボットか、本能のみで行動する下等な動物に過ぎない。次に倫理性とは善悪を明確に識別する〝良心〟のことである。ただし、良心が本来の正しい状態へと精錬されるためには創造者である神の導きが必要である。

創造性とは、何かを作り出すことに喜びを感じる感情である。

音楽や絵画、建築、文学、ダンスなどあらゆる分野において創造性は現れるが、人間は既にある物からしか作ることはできない。無から有を作り出せるのは神だけである。

最後の不死性は読んで字の如しである。


聖書によれば、全ての人間は神のかたちに作られているため、個人の能力や特権に拘《かかわ》らず本質的に尊い価値を持っている。神はその尊い価値を認めており、一人一人の人間を無条件に愛しているのだ。

そして、人間の心は神の愛に満たされることによって最も健全な状態へと回復する。そして、そのような回復を経験した人は、付加的な価値の追求に囚われることが無くなり、真の平安と心の自由を手に入れるようになる。

ところが、ここに神が与えた試練とも言うべき出来事が起こる。

アダムとエバが住んでいるエデンの園……そこは食べる物に苦労しない理想の楽園である。楽園には「命の木」と「知恵の木」の二本の特別な木が生えていたが、知恵の木に関しては、その木から実を取って食べると必ず死ぬと神から警告されていた。

また主なる神は東のかた、エデンに一つの園を設けて、その造った人をそこに置かれた。また主なる神は、見て美しく、食べるに良いすべての木を土からはえさせ、更に園の中央に命の木と、善悪を知る木とをはえさせられた。

（創世記第二章八、九節）

主なる神はその人に命じて言われた、「あなたは園のどの木からでも心のままに取って食べてよろしい。しかし善悪を知る木からは取って食べてはならない。それを取って食べると、きっと死ぬであろう」。

（創世記第二章一六、一七節）

このように、神は知恵の木の実だけは食べてはならないと宣言した。

これは神が与えた最初の試練であり、最終的に食べるかどうかはアダムとエバの意志に任せた。それではなぜ、神は人間に自由意志を与えたのか？

人は強制的な選択に喜びを見出すことはできない。神が人間に自由な意志を与えたのは、人間が神との交流を通して深い喜びを与えるためであった。そして、神は「それを取って食べると、きっと死ぬであろう」と告げた。

このことから、そもそも人間には永遠の命が与えられていたことが分かる。多くの人は人間が死ぬ存在と理解しているが、原初の人間は神によって楽園で永遠に生きる存在として創造されたのだ。


さて、主なる神が造られた野の生き物のうちで、へびが最も狡猾であった。へびは女（エバ）に言った、「園にあるどの木からも取って食べるなと、ほんとうに神が言われたのですか」。女はへびに言った、「わたしたちは園の木の実を食べることは許されていますが、ただ、園の中央にある木の実については、これを取って食べるな、これに触れるな、死んではいけないからと、神は言われました」。へびは女に言った、「あなたがたは決して死ぬことはないでしょう。それを食べると、あなたがたの目が開け、神のように善悪を知る者となることを、神は知っておられるのです」。

――聖書の創世記第三章一～五節にそんなふうに書かれている。

蛇は、聖書の中で「サタン（悪魔）」と呼ばれる霊的存在である。

神は物質の世界と人間を創造する前に、天と呼ばれる霊的な世界で多くの天使たちを創造した。天使も人間同様、神のかたちに創造されており、知性や自由意志を持っている。しかし、天使のリーダーは自らの美しさを誇るようになり、傲慢になって神に背いた。彼は神を賛美するよりも自分が神のように賛美されたいという誤った欲望を抱いた。この天使は堕落して神と神に属する全ての命に敵対するようになった。それがサタンだ。

神は確かにアダムとエバに対して、知恵の木の実を食べたら必ず死ぬと警告した。ところが、サタンは「その木から取って食べても決して死にません」と、エバに対して全くの偽りを語った。加えて、「あなた方の目が開け……」と語ることで、神がアダムとエバに対して、意図的に良いものを差し控えていると思わせた。

これらの嘘によってサタンは「神は嘘つきで信頼に値しない存在」だという印象をエバに植え付けることに成功するのだが、それは創造主たる神からの自立でもある。サタンは、神の命令に背いて知恵の木から実を取って食べれば神のようになれると思わせたのだ。

女がその木を見ると、それは食べるに良く、目には美しく、賢くなるには好ましいと思われたから、その実を取って食べ、また共にいた夫にも与えたので、彼も食べた。すると、ふたりの目が開け、自分たちの裸であることがわかったので、いちじくの葉をつづり合わせて、腰に巻いた。

（創世記第三章六、七節）

そして、ついにエバは悪魔の誘惑に屈する。

一人で禁じられていた木の実を食べただけでなく、アダムにもそれを食べさせた。彼らが取った行動は人間の初めての「罪（原罪）」である。それまで神への愛を大前提としていた二人の利他的な生き方は、罪人となったことで自己中心的な性格を帯びるようになる。そして、二人が犯した罪は自分たちだけにとどまらない。世界中のあらゆる人間関係の複雑な問題、犯罪、戦争、格差などは全て二人が犯した罪の影響である。

更に人（アダム）に言われた、「あなたが、妻の言葉を聞いて、食べるなと、わたしが命じた木から取って食べたので、地はあなたのためにのろわれ、あなたは一生、苦しんで食物を取る。地はあなたのために、いばらとあざみを生じ、あなたは野の草を食べるであろう。あなたは顔に汗を流してパンを食べ、ついに土に帰る、あなたは土から取られたのだから。あなたはちりだから、ちりに帰る。

（創世記第三章一七〜一九節）

神は罪を犯したアダムとエバに有罪判決を下し、アダムとエバが犯した罪の影響は地上全体、全人類に及んだのである。

土（土地）が呪われたことで、アダムに連なる人類は苦しんで食物を得なければならなくなった。そして、土地の呪いの影響は地震や津波、洪水などの自然災害などと関係していると考えられる。歴史上、人類は数多くの飢饉や貧困を経験してきたが、こうした苦しみの原因はアダムとエバが犯した罪の結果なのだ。

創造者から永遠の祝福を受けた人間の歴史は、こうして罪による堕落へと転換する。二人はすぐにエデンの園から追放されるが、二人の選択によって「人間に永遠の命を与え、地上全体を祝福する」という神の計画が挫折したわけではない。

神は愛情深い方なので、罪と死によって呪われた人間を決して見捨てはしない。神は裁きと同時に、堕落した人類と世界の状態を元の聖なる状態へと回復するための救済計画を宣言したのだ。実は聖書に記されている事象は人類救済のためのプログラムと言える。

それ故、そのプログラム通りに歴史が動いているということは、最後の最後に待ち受けている救済プログラムも確実であるということだ。

二．人類の歴史は聖書で預言されていた

聖書で成就した預言の数々

地球で最初の人類であるアダムとエバはこのように罪を犯してエデンの園を追い出されたが、神は人類の将来に救済の可能性を残した。

そして、神から人類救済のために地上に遣わされたのがイエス・キリストである。

ここからは、聖書に記された預言がいかに実現しているかについて説明したい。

聖書の預言の中で成就されたものは数え切れないほどあるが、その中で有名なものをいくつか挙げるとすれば、それは前述したようにイエス・キリストである。

①イエス・キリストの出現

世界史に残る数々の偉大な人物の中で、一人だけ遥か昔から出生を預言されていた人物がいる……それがイエス・キリストだ。彼が今から約二千年前のパレスチナの地に実体を持って出現することは、それ以前から聖書の中で既に預言されていたのである。

イエス・キリストの預言を「メシア預言」と呼んでいるが、「メシア」とはヘブライ語で「聖油を注がれた者」を意味し、ギリシャ語で「キリスト」、日本語に訳せば「救世主」となろうか。聖書の預言においてメシアの称号が意味するところは、神的な権威と力によってイスラエルと全世界を永遠に治める王のことである。

その王とは、聖書の神ヤハウェによる人類救済計画の要であり、メシアの働きを通して神の計画は達成される。そして、その計画の全貌は冒頭の「創世記」に始まり聖書全体に散りばめられており、巻末の書「ヨハネの黙示録」によって完結する。

このメシア預言、内容はイエス・キリストの「初臨」と「再臨」とに分かれている。

聖書には三三三ものメシア預言があると言われており、その中の一一一は初臨に関するもので、残りの二二二は再臨に関するものである。約二千年前のパレスチナの地で、イエス・キリストはその生涯を通して初臨に関する預言を次々と成就させていった。

イエス自身も「すなわち、モーセの律法と預言書と詩篇とに、わたしについて書いてあることは、必ずことごとく成就する」（ルカによる福音書第二四章四四節）と語り、その事実を明らかにしている。

そして、私が重要だと思うのは次の部分である。

イエス・キリストが初臨に関するメシア預言を全て成就したのであれば、再臨に関する預言も同じように成就すると考えられることだ。

私たちはメシア預言を通して神の計画の全貌を理解するとともに、預言を必ず成就させる神ヤハウェの全能性を知り、人類にとっての真の希望を見出すことができるのだ。

以下に、メシアの初臨に関する預言でイエス・キリストが成就した部分を紹介する。

●アブラハム、ユダ、ダビデの子孫として生まれる
最初にメシアの家系となる祝福を約束されたのはアブラハムで、彼はユダヤ教、キリスト教、イスラム教の開祖とも言える人物である。その後、メシアを生み出す家系となる祝福の約束は、ユダの子孫→ダビデの子孫へと継承されていく。

・アブラハムに対する預言
また地のもろもろの国民は、あなたの子孫によって祝福を得るであろう。

（創世記第二二章一八節）

・ユダに対する預言
つえはユダを離れず、立法者のつえはその足の間を離れることなく、シロ（メシア）の

来る時までに及ぶであろう。もろもろの民は彼に従う。
（創世記第四九章一〇節）

・ダビデに対する預言

「わたしはあなたの子らのひとりを、あなたのあとに立てて、その王国を堅くする。彼はわたしのために家を建てるであろう。わたしは長く彼の位を堅くする。わたしは彼の父となり、彼はわたしの子となる……」。ナタンはすべてこれらの言葉のように、またすべてこの幻のようにダビデに語った。
（歴代誌上第一七章一四、一五節）

さて、イエス・キリストはユダ部族であるダビデの子孫から誕生した。

この事実は歴史的に見ても明らかであり、議論の余地はないといえよう。新約聖書のマタイ伝第一章にはアブラハムからイエス・キリストに至る系図が詳細に記録されている。

●ベツレヘムに生まれる

まず、メシアはイスラエル国内の「ベツレヘム・エフラタ」という小さな町で生まれることになっていた。聖書では以下のように記されている。

しかしベツレヘム・エフラタよ、あなたはユダの氏族のうちで小さい者だが、イスラエルを治める者があなたのうちからわたしのために出る。
（ミカ書第五章二節）

ところが、彼らがベツレヘムに滞在している間に、マリヤは月が満ちて、初子を産み、布にくるんで、飼葉おけの中に寝かせた。
（ルカによる福音書第二章六、七節）

イエス・キリストの父である大工のヨセフと母のマリヤは、当時、ナザレという町に住んでいた。しかし、マリヤが出産するタイミングで、当時のローマ皇帝から人口調査の勅令が出たため、彼らは登録を行うために故郷のベツレヘム・エフラタに出向かなくてはいけなくなったのである。

そして、彼らがベツレヘムに滞在している時、マリヤはイエス・キリストを出産する。

●貧しい家庭に生まれる

最初に紹介した預言で、メシアがダビデの子孫から生まれると説明したが、ダビデの父親の名前を「エッサイ」と言い、エッサイの家はもともとベツレヘムの貧困家庭だった。

従って、ここの聖句で大事なところは、ダビデの家系がエッサイの時代のような貧困家庭に落ちぶれた後、貧しい境遇の中でメシアが誕生する点である。

エッサイの株から一つの芽が出、その根から一つの若枝が生えて実を結び、その上に主の霊がとどまる。これは知恵と悟りの霊、深慮と才能の霊、主を知る知識と主を恐れる霊である。

（イザヤ書第一一章一、二節）

主の霊が留まる若枝とはもちろん、メシアを表すが、この預言の一節の強調点はメシアの出自の低さにあると言っていい。ここで描かれているイメージは、切り倒されて枯れた株から若枝が出て、実をつけるというものである。

そして、ヨセフとマリヤはイエスが生まれた後、律法の規定に従って、エルサレムの神殿に犠牲を捧げに行くのだが、彼らが捧げたのは二羽の鳥だけだった。しかし、律法によれば、貧しい家庭であれば「山鳩一つがい、または、家鳩の雛《ひな》二羽」を捧げるだけで許されたという。このことからイエスが生まれた家庭は貧しかったことが分かる。

●あらゆる体の病気を癒やす

その時、目しい（盲人）の目は開かれ、耳しい（聾者）の耳はあけられる。その時、足なえは、しかのように飛び走り、おしの舌は喜び歌う。

（イザヤ書第三五章五～六節）

盲人は見え、足なえは歩き、らい病人はきよまり、耳しいは聞え、死人は生きかえり、貧しい人々は福音を聞かされている。

（マタイによる福音書第一一章五節）

イエスはガリラヤ全土を巡り歩いて、諸会堂で教え、御国の福音を宣べ伝え、民の中のあらゆる病気、あらゆるわずらいをおいやしになった。そこで、その評判はシリヤ全地にひろまり、人々があらゆる病にかかっている者、すなわち、いろいろの病気と苦しみとに悩んでいる者、悪霊につかれている者、てんかん、中風《ちゅうぶ》の者などをイエスのところに連れてきたので、これらの人々をおいやしになった。

（マタイによる複音書第四章二三、二四節）

イエス・キリストはある年齢になると、国中を回って人々の病気を癒やしていったことは広く知られるところである。彼の言葉によって治らない病気は一つもなかったという。

新約聖書の原本の多くが完成した年代は、どれもイエス・キリストの死後二〇～五〇年の間であって過去の伝承ではなく、実際にイエス・キリストの奇蹟を目の当たりにした歴史の証人が生存している時代であった。そのような状況であるから、イエス・キリストの活動を偽証することは不可能であったと思われる。

また、イエス・キリストに対して反対の立場を取ったユダヤ人でさえ、イエス・キリストが奇蹟を行ったことを否定することはできなかったという。

実際、ユダヤ教の経典「タルムード」には、「イエスは魔術を使って奇跡を行い、人々を惑わせた」と記録されている。この事実は、イエス・キリストが行った数々の奇蹟自体は、当時のユダヤ教の指導者たちに否定できない事実であったことを示している。

その後、イエス・キリストはローマ帝国によって十字架に磔《はりつけ》の刑に処せられる。イエス・キリストには十字架から降りる力もあったが、もし自分が身を捧げなければ、人間は永遠に罪から救われないと考えた。まさにメシアであることの証明だ。

つまり、イエス・キリストは人を愛するがゆえに屈辱と苦痛に耐えたのである。そして、最後に「エリ、エリ、レマ、サバクタニ（わが神、わが神、どうしてわたしをお見捨てになったのですか）」と叫んで息を引き取った。そして、イエス・キリストの体は十字架から下ろされて墓に納められ、弟子たちは四散した。イエス・キリストは弟子たちに、自分は十字架につけられて三日目に復活すると預言していたのである。

しかし、弟子たちはさすがに復活までは現実になるとは思わず、その言葉を信じなかったという。そこで復活したイエス・キリストは弟子たちに言われた。

だれでもわたしについてきたいと思うなら、自分を捨て、自分の十字架を負うて、わたしに従ってきなさい。自分の命を救おうと思う者はそれを失い、わたしのために自分の命を失う者は、それを見いだすであろう。たとい人が全世界をもうけても、自分の命を損したら、なんの得になろうか。また、人はどんな代価を払って、その命を買いもどすことができようか。

（マタイによる福音書一六章二四～二六節）

この文章には、信仰の何たるかが明瞭に記されているとはいえないだろうか。私はこの預言を読むたび、感動を禁じ得ない。このような預言をされていたにもかかわらず、弟子たちはイエス・キリストを見捨てて逃げ出したのである。

しかし、イエス・キリストは預言通りに十字架につき、三日目に復活し、復活後、四〇日間、弟子たちの前に現れた。そして、四〇日後、イエス・キリストはエルサレムの東にあるオリーブ山から天に戻られた。

一度死んだ人間が復活して、再び天に昇っていく……通常ではとうてい信じられないことだが、聖書の預言は現実の出来事なのである。

イエス・キリストの約束通り、弟子たちは世界中に出て行った。約二〇〇〇年前にエルサレムから始まったイエス・キリストの福音宣教の流れは、小アジア（現在のトルコ）からローマ帝国を経て、ヨーロッパ、アメリカ大陸、アジア大陸と西回りで進み、世界を一周して、イスラエルに戻って来ている。これは何より歴史的事実である。

そして、オリーブ山から天に昇ったイエス・キリストは再びオリーブ山に降りて来る。

わたしは万国の民を集めて、エルサレムを攻め撃たせる。町は取られ、家はかすめられ、女は犯され、町の半ばは捕えられて行く。しかし残りの民は町から断たれることはない。その時、主は出てきて、いくさの日にみずから戦われる時のように、それらの国びとと戦われる。その日には彼の足が、東の方エルサレムの前にあるオリブ山の上に立つ。そしてオリブ山は、非常に広い一つの谷によって、東から西に二つに裂け、その山の半ばは北に、半ばは南に移り、わが山の谷はふさがれる。裂けた山の谷が、そのかたわらに接触するからである。そして、あなたがたはユダの王ウジヤの世に、地震を避けて逃げたように逃げる。こうして、あなたがたの神、主はこられる、もろもろの聖者と共にこられる。

（ゼカリヤ書第一四章二～五節）

この預言はイエス・キリストが生まれる五〇〇年以上も前に書かれたものだ。

そして、イエス・キリストはユダヤ人を守るためにオリーブ山に降りて来る。ただし、再臨したイエス・キリストは恐ろしい力を持っている。

エルサレムを攻撃したもろもろの民を、主は災をもって撃たれる。すなわち彼らはなお足で立っているうちに、その肉は腐れ、目はその穴の中で腐れ、舌はその口の中で腐れる。

（ゼカリヤ書第一四章一二節）

イエス・キリストは悪魔の支配から人々を解放する神の小羊としての使命を果たし、十字架につけられ、贖罪を完了して死に勝利した後は復活して天に昇った。しかし、時が来るとイエス・キリストは残りの預言を成就するために再び地上に帰って来る。

その再臨の場所はオリーブ山である。イエス・キリストがこの世を裁くために、近い将来、必ずや再臨するのは間違いのない預言である。

②アレキサンダー大王の出現

ほかにも聖書の預言が成就した事象は山ほどあるが、その中から幾つか取り上げる。

その一つがアレキサンダー大王（アレクサンドロス三世、紀元前三五六～紀元前三二三年）に関する預言である。

アレキサンダー大王といえば、ギリシャ北部マケドニア王国の王で、紀元前三三六年に二〇歳で即位するや全ギリシャを統一し、その後、ペルシャ東征を開始した人類史上まれにみる豪傑である。

三三歳の若さで死亡するまでのわずか一〇年間で、アレキサンダー大王はギリシャから小アジア、エジプト、シリヤ、メソポタミア、イラン、バクトリア、ソグディアナ、インダス川流域に及び、地中海世界とオリエントを含む広大な帝国を築いた英雄である。

紀元前六世紀という、アレキサンダー大王の時代より約二〇〇年前に書かれたとされる聖書のダニエル書一一章には、アレキサンダー大王の存在が記されている。しかし、記述を考慮すると、後世に書かれたものに違いないと主張する聖書学者もいる。

またひとりの勇ましい王が起り、大いなる権力をもって世を治め、その意のままに事をなすでしょう。彼が強くなった時、その国は破られ、天の四方に分かたれます。それは彼の子孫に帰せず、また彼が治めたほどの権力もなく、彼の国は抜き取られて、これら以外の者どもに帰するでしょう。
（ダニエル書第一一章三、四節）

ここに書かれた〝勇敢な王〟はアレキサンダー大王に他ならない。

「彼が強くなった時」とは、文字通り彼が勢力を得て強大になった時という意味で、実際にアレキサンダー大王はその権勢の絶頂にあった時、祝宴の席で三三歳の若さで急死している。彼の死後、「国は破られ」とあるように二人の息子たちが殺害されたため、ギリシャ帝国は彼の直属の将軍たちの間で分割されている。

③イスラエルの建国

そして、時代は飛んで現代に至る。それまで故郷を失って放浪の民であったユダヤ人に故郷が再びできるのだ。それがイスラエル国で、建国は第二次世界大戦後の一九四八年五月一四日のことである。

聖書には、世界中に離散していたユダヤ人が、故郷であるイスラエルの地に帰り祖国を再建する」という預言は聖書の至るところに記されている。

すなわち天をのべ、地の基《もとい》をすえ、人の霊をその中につくられた主は、こう仰せられる。「見よ、わたしはエルサレムを、その周囲にあるすべての民をよろめかす杯にしようとしている。これはエルサレムの攻め囲まれる時、ユダにも及ぶ。その日には、わたしはエルサレムをすべての民に対して重い石とする。これを持ち上げる者はみな大傷《だいきず》を受ける。地の国々の民は皆集まってこれを攻める。主は言われる、その日には、わたしはすべての馬を撃って驚かせ、その乗り手を撃って狂わせる。しかし、もろもろの民の馬をことごとく撃って、めくらとするとき、ユダの家に対しては、わたしの目を開く。その時ユダの諸族は、その心の中に『エルサレムの住民は、その神、万軍の主によって力強くなった』という。

（ゼカリヤ書第一二章一～五節）

以上のように、イスラエルの建国を預言する描写は聖書に数多く記されている。イスラエルの建国は神の人類救済計画の中で重要な位置を占めており、ユダヤ人がイエスの名を呼び求める時、それに答えてイエス・キリストが再臨するからだ。その時、イエス・キリストは「ユダヤ人の王」としてエルサレムに着座するのである。

三、ノアの箱舟伝説に見る聖書の真実

ノアの箱舟は実話であった

　こうした様々な聖書の預言の中で、私が自分の目で確認して預言は真実であると実感したのがノアの箱舟の伝説である。

　旧約聖書のノアの箱舟と大洪水の伝説は、聖書を知らない人でも誰もが耳にしたことがある有名な話と言えよう。旧約聖書の創世記の記録によれば、かつて創造主なる神が欲に溺れた邪悪な人々を大洪水によって滅ぼした時に、箱舟に乗ったノアとその家族、および動物たちだけが生き延びた、というものである。

　今日、多くの人はこの伝説を架空の神話と見ているが、実は前述したようにさまざまな調査によって、ノアの箱舟が実話であったことを裏付ける多くの証拠が発見された。

　また、私自身、数年前にアメリカでグランドキャニオンを目にした際、その地層を見て、ノアの箱舟の伝説は現実であると確信した。もしも、この伝説が歴史的事実だとすれば、それは私たちの世界観を大きく覆すほどの極めて重要な意味を持つことになる。

まず、聖書には次のように書かれている。

洪水前、世界は悪で満ちていた。そのため、全能の神ヤハウェは邪悪な者たちを地の表から拭い去ることを決めた。そこで神はノアにこう言ったのである。

わたしは、すべての人を絶やそうと決心した。彼らは地を暴虐で満たしたから、わたしは彼らを地とともに滅ぼそう。

（創世記第六章一三節）

神はノアを選び、ノアは神の命令通りに義人（神の前に正しい人）と動物が救われるために箱舟を造った。そして、ノアは一二〇年の間、人々に回心と悔い改めを訴えたが、心を神に捧げて回心する者はなく、箱舟に乗ったのはノアとその家族のわずか八人だった。その後、雨が降り始め、神は箱舟の扉を閉めた。残された人々は高い場所や箱舟の中に逃げようとしたが、すでに遅過ぎた。死と破滅が地上全体を覆ったのである。

それはノアの六百歳の二月十七日であって、その日に大いなる淵の源はことごとく破れ、天の窓が開けて、雨は四十日四十夜、地に降り注いだ。

（創世記第七章一一、一二節）

地のおもてにいたすべての生き物は、人も家畜も、這う者も、空の鳥もみな地からぬぐい去られて、ただノアと、彼と共に箱舟にいたものだけが残った。

（創世記第七章二三節）

一方、箱舟に乗ったノアら八人と動物たちは、水が引くまで約一年間を箱舟で過ごさねばならなかった。その間、箱舟はアララテの山々にとどまったという。いよいよ箱舟を出る際、ノアはまず主に犠牲を捧げ、そして神は二度と洪水で地を滅ぼさないと約束し、その印として空に虹をかけたという。

——以上がノアの箱舟の物語であるが、聖書には箱舟の製造手順が書いてある。

あなたは、いとすぎの木で箱舟を造り、箱舟の中にへやを設け、アスファルトでそのうちそとを塗りなさい。その造り方は次のとおりである。すなわち箱舟の長さは三百キュビト、幅は五十キュビト、高さは三十キュビトとし、箱舟に屋根を造り、上へ一キュビトにそれを仕上げ、また箱舟の戸口をその横に設けて、一階と二階と三階のある箱舟を造りなさい。

（創世記第六章一四〜一六節）

この製造手順によると、船のサイズの比率は三〇：五：三となる。

この比率は高さ三〇メートルの高波に遭遇しても浸水、転覆、破損をしない強度であることが確認されている。積み荷を安全に運ぶ船舶を造る上で最適な比率であり、現実に大型のタンカーなどが造られる際もこの比率が用いられているというから驚く。

そして、箱舟の大きさを現代のメートル法に換算すると、一キュビトは現在では約五〇センチとなるため、一三五メートル×二二・五メートル×一三・五メートルとなる。想像すればお分かりのように、これはとても大きなサイズだ。聖書によれば、箱舟には地上のあらゆる種類の動物が乗ったとされるが、本当にそれだけ大量の動物を収容できたのか？

またすべての生き物、すべての肉なるものの中から、それぞれ二つずつを箱舟に入れて、あなたと共にその命を保たせなさい。それらは雄と雌とでなければならない。すなわち、鳥はその種類にしたがい、獣はその種類にしたがい、また地のすべての這うものも、その種類にしたがって、それぞれ二つずつ、あなたのところに入れて、命を保たせなさい。

（創世記第六章一九～二〇節）

実際に箱舟に乗ったと考えられる動物の種類を計算すると約八〇〇〇種となり、合計約一万六〇〇〇匹が乗った換算になる。ある研究者が計算したところ、これらの動物を全て乗せた場合、箱舟の中で動物が占める割合は約五〇パーセントと推定される。ほかに食料や飲料等を備蓄するスペースを考慮しても、人間が居住するスペースとしては三〇パーセントほど余る計算になるというのだ。

聖書に記載されたこの箱舟の設計は極めて実際的で理にかなったものであることが証明されているため、史実としての信頼性がとても高くなるのだ。

地表に残された洪水の爪痕

もう一つ、地球に残る地層からノアの箱舟伝説を検証してみたい。

多くの地層は水の作用によって、同じような粒の粒子が体積したものだ。世界中で見られる多くの地層は長い年月をかけて徐々に体積してきたと考えられてきたが、近年その考えが見直され始めている。

たとえば、一九八〇年にアメリカのワシントン州にあるセントヘレンズ山が噴火した際、噴火によって生じた火砕流によって高さ七メートルもの地層がたった数時間で形成された。この事例は、地層の形成には多くの時間がかかるという常識を覆すものとなった。

以前、息子がハワイで結婚式を挙げたのを機に、私はアメリカ大陸を横断する旅に出た。前述したようにグランドキャニオンも見学したが、大規模な地層の重なりが多く確認できた。

もし、これらの地層が長い年月をかけて体積されたのであれば、侵食の跡が必ず残って水平にはならないと私は考えた。だが、グランドキャニオンだけでなく世界中で見られる多くの地層は隙間無く水平に体積している。この事実は、これらの地層が長い時間をかけて徐々に体積したのではなく、一度の激変によって短期間で生じたことを示唆している。

つまり、大規模で水平な地層と化石の生成に最適な条件は大規模な洪水なのだ。

また、化石とは動物の死体が徐々に水や土砂に埋もれていき、長い年月をかけて形成されるものだと考えられているが、むしろ化石が生成されるためには魚や動物などが死の前後で瞬間的に土砂などに埋没し、酸素や微生物などから遮断されなければならない。

例えば、魚が小魚を飲み込んでいる途中で化石化しているものもあり、こうした化石は個体が生きている間に瞬間的に埋没して化石化したことを示している。

聖書は、大洪水で生じた激変について次のように語っている。

あなたは地をその基の上にすえて、とこしえに動くことのないようにされた。あなたはこれを衣でおおうように大水でおおわれた。水はたたえて山々の上を越えた。あなたのとがめによって水は退き、あなたの雷の声によって水は逃げ去った。山は立ち上がり、谷はあなたが定められた所に沈んだ。あなたは水に境を定めて、これを越えさせず、再び地をおおうことのないようにされた。

（詩篇第一〇四篇五～九節）

この記述によると、ノアの大洪水は単なる洪水ではなく、地殻変動を伴った大激変であることが分かる。山脈の隆起や海溝の形成も生じ、それに伴い地震や津波も起こったであろうことは確かだ。世界一高いエベレスト山の山頂で実際に貝の化石が見つかるなど、この事実はエベレストがかつて海に沈んでおり、後に隆起したことを示している。

さらに一九五九年、アララテ山に隣接する谷でノアの箱舟らしき建造物が発見された。その後、考古学者のロン・ワイアット氏が続けて行った調査によって、それがノアの箱舟であることを裏付ける様々な証拠が発見されたという。

その根拠としては、遺跡が左右対称であり人工的な建造物であること、建造物の材質として木材が用いられていること、遺跡の幅と長さが聖書に記録されている箱舟のサイズと同じこと、遺跡から動物の毛、石化した動物の糞や鹿の角などが発見されていること、高度な技術で造られた金属部品がたくさん発見されていることなどが挙げられる。

調査チームによると、遺跡がノアの箱舟である可能性は九九・九パーセント以上とのことで、トルコ政府は一九八七年にそこを「ノアの箱舟国立公園」に指定している。

大洪水によって人間の寿命は短くなった

また、ノアの洪水の前、人間は九〇〇年くらい生きていたとされる。アダムが九三〇歳で、ノア自身は九六〇歳、ノアの息子セムは六〇〇歳、その息子アルパクシャデは四三八歳とだんだん短くなり、ノアから一〇代目に当たるアブラハムの寿命は一七五歳であった。モーセもまた一二〇歳まで生きたという。

これは人類にとって長生きができる非常に適切な環境があったということだ。しかし、大洪水によってその環境が壊れてしまったことを意味するのではないか。

聖書にはこう記されている――。

人が地のおもてにふえ始めて、娘たちが彼らに生れた時、神の子たちは人の娘たちの美しいのを見て、自分の好む者を妻にめとった。そこで主は言われた、「わたしの霊はながく人の中にとどまらない。彼は肉にすぎないのだ。しかし、彼の年は百二十年であろう」。

（創世記六章一〜三節）

当時の地球は完全なる環境にあるから長生きできたのであり、ノアの洪水の際に老化を促進する原因が生じたと考えられる。その結果、人間の寿命は一二〇歳程度になり、その後も減り続け、モーセの時代には七〇〜八〇歳と現在に近くなったという。

聖書によれば、かつては地球の上に水の膜があったとされる。その膜が宇宙からの放射性物質を遮ってくれていたため、人間は不死に近い存在であった。しかし、四〇〇〇年以上前の大洪水でその膜が破れたことで、生物の寿命は短くなったとも考えられる。

さて、ノアの箱舟伝説が実話であれば、それは神の実在をはっきりと示すものとなる。神の恵みを受けたノアは約一二〇年にわたって人々に回心を訴えただが、彼の警告を聞き入れなかった全ての人々は洪水によって滅びる運命となった。

イエス・キリストはやがて将来に来る「終わりの日」と呼ばれる時代に、再びノアの大洪水のような裁きが全地球規模でやってくると預言した。

人の子の現れるのも、ちょうどノアの時のようであろう。すなわち、洪水の出る前、ノアが箱舟にはいる日まで、人々は食い、飲み、めとり、とつぎなどしていた。そして洪水が襲ってきて、いっさいのものをさらって行くまで、彼らは気がつかなかった。人の子の現れるのも、そのようであろう。

（マタイ第二四章三七〜三九節）

「人の子の現れる」とは、イエス・キリストの再臨（二度目の到来）を表している。

聖書の預言によれば、イエス・キリストが再び地上に来る時、かつての大洪水やそれ以上の全地球規模的な災害（黙示録＝ハルマゲドン）が再び到来することになっている。

今日、世界各地で異常気象や地震が頻発している。私たちは史上最大の災害であるノアの箱舟を巡る大洪水を心に留め、神からの警告に耳を傾けるべき時ではないだろうか。

第四章　日本文化の源流はユダヤにある

一・日本文化や伝統行事に見るユダヤの名残

日本人は失われた一〇支族の一つ

前述したように、昔の私は日本という国があまり好きではなかった。

しかしながら、スペインに一年間住んでみた結果、永住するより日本に帰りたくなってしまったのだ。この年齢になって日本の良さがようやく分かったと同時に、私は、日本人の美徳と言われている部分はどうやって備わったのだろうと興味を持つようになった。

要するに、私は日本人という民族のルーツに興味を覚えたのである。

そこで、帰国して以降、日本の歴史を改めて学んでみることにした。その中で、私の興味を一番引いたのが、日本の神道はユダヤ起源であるということだった。

さまざまな書物を読む中で、私の心をがっちりと掴んだのがそのことだった。また、神道だけでなく、日本人の勤勉さや誠実さ、裏表のない心、あるいは優しさや綺麗好きなところなどは、すべてユダヤ起源であることで証明できるのだ。

どうもユダヤ人というとケチで意地汚い……現代ではそんなイメージもあるが、それらは後世にユダヤ人を誹謗するために作られた表現ではないだろうか。その点では、勤勉さや誠実さなどの民族性はユダヤ人と日本人に共通していると思われる。

そのことが分かった時、私はキリスト教徒であるのを誇らしく思ったものだ。

聖書を書いたユダヤ人の素晴らしさに触れると共に、その精神が今も息づいている日本人の良さも改めて感じることができた。日本人の人格形成に古代ユダヤ人が深く関わり、また、これから記すように日本の歴史にユダヤ人が大きく関係していたことを知ることで、私は非常に大きな感銘を受けたのである。

これには、妻・妙子が和気清麻呂の子孫という部分も大きく関わっているに違いない。なぜなら、和気清麻呂が備前・播磨等で栄えたという秦氏と関係が深く、奈良の平城京から京都の平安京へと移す進言を行ったのが和気清麻呂であり、和気清麻呂を支援した秦氏こそ、ユダヤ起源の渡来人であったからだ。

平城京の時代、日本は仏教と渡来文化に飲み込まれそうになった。そこで奈良から京都への遷都を薦めたのが和気清麻呂であり、それを支援したのが秦氏だったのだ。

そういう意味では、平安京＝エルサレムであると考えることができる。

また、キリスト教における救世主＝メシアのイエス・キリストはユダヤ人であることを考えると、日本人の源流がユダヤ人であるという学説はキリスト教徒である私の気を引いたのだ。

それだけではない。研究を進めていくにつれて、私は皇室がユダヤ起源であることは間違いないと考えるようになった。

日本の皇室が秘密にしているのは当然だが、現在知ることができるさまざまな事象を調べてみる限り、日本の皇室、および神道における類似性の出現頻度は星の数ほどあり、単なる偶然の一致、あるいはいわゆる都市伝説と言って見過ごせるものではない。

皇室、および神道がユダヤ起源であることはほぼ一〇〇パーセント間違いのない事実だと思われる。その根拠は後述するとして、私はそのことに気付いた時、目が覚める思いがした。私が信仰に目覚め、イエス・キリストを崇敬する中で何度も何度も読んだ聖書に記されているユダヤ人の歴史が、実は日本人のルーツにも関係していたのである。

これは一つの「真理」ではないだろうか。

と同時に、これも私の人生に訪れた奇蹟の一つであるかもしれないと考えた。

しかも、この日本人の起源がユダヤ人であるという考え方は、日本だけで唱えられている興味本位のものではない。諸外国の立派なユダヤ人研究家が、長年研究した結果、それを学説として発表している、いわば〝由緒正しい〟説なのだ。

海外のユダヤ人学者の間では通説となっていることだが、日本ではまだまだ眉唾モノと思われることが多いこの学説、正式に認められる日も近いと私は考えている。

諏訪神社「御頭祭」とイサク伝承

詳しくは後述するが、手始めに一つだけ挙げておく。

長野県にある諏訪大社は日本人なら誰もが知っている有名な神社である。諏訪大社といえば、七年に一度、十二支の寅と申の年に行なわれる「御柱祭り」が有名であるが、もう一つ、「御頭祭《おんとう》」という神事が執り行われていることを知る人は少ない。

御頭祭は毎年四月一五日に諏訪大社の上社の前宮で行われるもので、現在の御頭祭は、約一・五メートルの御贄柱《おにえばしら》という木の柱と、剥製の鹿の頭が三頭供えられるという神事である。しかし、明治時代までは今とは異なった神事が行われていたという。

鹿の頭を七五頭供え、その中には必ず、耳の裂けた鹿の頭があるという。供え物は鹿だけでなく、白鷺、白兎、雉子、山鳥、鯉などの肉、ほかに米や海老、魚などもあった。そして、まずは神官が供え物を下ろして食べ、酒を酌み交わすのだ。

その後、御贄柱を飾り立て、紅の着物を着せられた御神《みこう》と呼ばれる八歳ぐらいの子供がこの柱に縛り付けられるという。そして、神官はこの御神を小刀で刺そうとするが、その瞬間、馬に乗った諏訪の国司の使者が登場し、神官を止め、御神が解放されて祭は終わる。

この御頭祭は桓武天皇の時代に始まったとされる祭事で、実に変わった祭りであることは疑いようがない。しかし、この御頭祭によく似た伝承が旧約聖書に記されているとなると、ただの奇祭で済ませることはできなくなる。

旧約聖書の創世記第二二章には次のような記述がある……。

ある時、神はアブラハムに、一人息子のイサクを連れてモリヤの地に行くよう命じる。そこでイサクを生贄として捧げよというのだ。アブラハムは激しい葛藤を覚えながらもモリヤの地に向かい、そこに着くとイサクを縛って薪の上に横たえる。

そして、アブラハムが小刀を振り下ろそうとした時、神は「天使」を通じてアブラハムの行為を止めさせ、近くにいた一頭の雄羊を示したのである。

アブラハムはその雄羊をイサクの代わりに生贄として捧げた。

すると神はアブラハムを祝福し、イサクを通して子孫を星のように多く産み出した。

これを〝イサク伝承〟と呼んでいるが、捧げ物が羊と鹿の違いこそあれ、全く御頭祭と同じであることに異を唱える者はいないのではないだろうか。日本に羊がいなかったために代替物として鹿を供えたと考えることもできる。

また、アブラハムが愛する一人息子のイサクを捧げようとした「モリヤの地」とは後代のエルサレムであり、イサクとは後の救世主イエス・キリストの暗示でもある。

ここで注目してほしいのがモリヤという名称である。

諏訪大社には本殿はなく、背後にそびえる山そのものがご神体とされているのだが、その山の名前こそ「守屋山」なのだ。しかも、アブラハムがイサクを捧げようとしたモリヤの地も小高い山であったというから、その相似性には驚くしかない。

また、御頭祭を司る人物である「神長（神長官とも）」は、古来、「守矢家」が世襲としてきたという。モリヤと守屋山、そして、守矢家……これらの一致を偶然で済ませるのはよほど神経の鈍い人であろう。日本がユダヤ起源であるという学説には、このように単なる偶然の一致とは思えないほどの相似性がそれこそ星の数ほど見受けられるのだ。

日本人はエフライム族の末裔!?

さて、諏訪大社の御頭祭と同等、あるいはそれ以上に相似性がある日本とユダヤの伝承はほかにもたくさんあるので、ここからはそれらを紹介しつつ、日本とユダヤは同じルーツを持つ民族であるという学説を立証していきたい。

まず、日本の天皇家は、現存する皇室としては世界最古の歴史を持つ。日本の建国から同じ血統を引く一族であり、天皇家は日本の歴史そのものといっても過言ではない。

日本書紀によると、神武天皇により大和朝廷が生まれた年は西暦に換算すると紀元前六六〇年とされている。一方、現在のユダヤ人の祖先である古代イスラエル王国は、ソロモン王の死後（紀元前九二八年）、北イスラエル王国（一〇支族）と南ユダ王国（二支族）に分裂する。

そして、北イスラエル王国は紀元前七二二年にアッシリア帝国に滅ぼされ、一〇支族はイスラエルの地から連れ去られ、以後、行方不明となる。これを「イスラエルの失われた一〇支族」と呼んでいる。ちなみに一〇支族とは、ルベン族、シメオン族、ダン族、ナフタリ族、ガド族、アシェル族、イッサカル族、ゼブルン族、マナセ族、エフライム族であり、南ユダ王国はユダ族とベニヤ民族の二支族からなる。

その後、南ユダ王国はバビロニアに滅ぼされ、二支族はバビロニアに連れ去られる（バビロン捕囚）が、ペルシャ帝国がバビロニアを滅ぼしたことで、ユダ王国の二支族は故郷に戻ることが許されたのだ。

ここで問題となるのが行方不明となった一〇支族である。

彼らに関する正確な資料はほとんどないが、ユーラシア大陸の各地に残る言い伝えを調べてみると、その中に幾つかのヒントがある。

たとえば、旧ソビエト連邦から独立したグルジア共和国の周辺に住む山地ユダヤ人の間には「自分たちは失われた一〇支族の子孫だ」という言い伝えがあり、カスピ海の北方に住むカザール人の間にも同様の言い伝えがあるという。現在のユダヤ人の九割を占めるアシュケナジー・ユダヤ人は、このカザール人の子孫であるとの説もある。

また、ペルシャの一部族の間にも同様の言い伝えが残されており、アフガニスタンのユーフザイ人は、自分たちのことを「バニ・イスラエル」（イスラエルの子孫）と呼んでいるそうだ。その他、インドやミャンマーの部族の間にも同様の言い伝えがあり、さらに中国の史書によると、紀元前二世紀の漢の時代にイスラエル人が存在していたという。彼らには割礼の風習があり、中国人は「刀筋教民」と呼んでいたそうだ。

こうした言い伝えから、彼ら一〇支族がシルクロードを伝って東へ、東へと移住してきたことは間違いのない事実と考えられる。彼らが東へ、東へと歩き続けたならば、いつか日本列島に達することは可能であり、失われた一〇支族のいずれかが日本に来た可能性は非常に高いと言えよう。この話は決して絵空事でないのだ。

記紀伝説とヤコブの系図の共通点

一方で日本の歴史を遡ってみると、日本の建国はさまざまな説があるものの一般的には紀元前六六〇年とされ、北イスラエル王国（失われた一〇支族）が国を追われ、東に向かってアジア各地に散った紀元前七二二年から、約六〇年後のことである。

この六〇年という時間は絶妙な経過時間とは言えないだろうか。中東からアジアの辺境へと移り住むのにかかった時間と考えると、日本人がユダヤ起源であるという学説に信憑性を与えると言っても過言ではない。

そこでまずは、この説を検証するため、天皇家の家系図を見てみたい。

日本神話に出てくる神武天皇に至るまでの天皇家の家系図が、旧約聖書に記述されている北イスラエル王国のリーダーであったエフライム族ヤコブの系図と驚くほど酷似しているのはよく言われることである。

それだけでなく、天皇を巡るさまざまなエピソードの内容がユダヤのそれとほとんど同じであることが多いのにも驚く。これだけの一致は、まず偶然ではありえない。やはり古代日本及び天皇家にはユダヤの文明や神話が伝承され、それらから大きく影響を受けたものであると考える方が自然ではないだろうか。


試しに具体的に見ていくことにする——。

「古事記」や「日本書紀」などによると、天皇家および大和民族は、天から降りてきたニニギ（ニニギノミコト）の子孫ということになっており、ニニギは天孫民族の父祖とされている。一方で、ヤコブはイスラエル民族の父祖であることは言うまでもない。

そもそも大和民族のヤマトとは、ヘブライ語で「ヤハウェの民」という意味である。ヤハウェは唯一神とも呼ばれる神で、マトゥーは「民」、つまり、ヤハウェの「ヤ」と「マトゥー」で「ヤマトゥー」……これが転じて「ヤマト」になったと言える。

さて、日本の神話では、最初に天から降りる予定だったのはオシホミミだが、彼が準備している間にニニギが生まれ、ニニギが天から降りて民族の父祖となったとされている。

一方の旧約聖書では、エサウ（ヤコブの兄）がイサクの祝福を受ける予定だったが、弟のヤコブが祝福を受け、イスラエル民族の父祖となっている。

日本神話ではニニギは天から降りてくると、美女のコノハナサクヤヒメに恋して彼女を妻にしようとする。しかし、彼女の父はニニギに、彼女だけでなく姉の面倒も見て欲しいと言うが、ニニギはこの姉を父に返してしまう。一方の旧約聖書では、ヤコブは美女ラケルに恋をして妻にしようとするが、彼女の父はラケルの姉も妻にしてくれと頼んだという。しかし、ヤコブは姉のレアを嫌ったのだ。

このエピソードだけでも類似性に驚くが、こうした類似性はこの後も続く。

日本神話によると、ニニギは妻との間に山幸彦を授かるが、山幸彦は兄（海幸彦）に苛められて海神の国に行き、そこで山幸彦は神秘的な力を得て、田畑を凶作にして兄を悩ませるが、最後は兄を許すという。

一方の旧約聖書では、ヤコブは妻との間にヨセフを授かるが、ヨセフは兄たちに苛められ、エジプトに奴隷として売られてしまう。その後、エジプトの宰相の地位まで上り詰めたヤコブは、兄たちが凶作に苦しんでエジプトに来た時に兄たちを許すのだ。

さらに、日本神話において山幸彦は海神の娘（トヨタマヒメ）を妻にし、その間にウガヤフキアエズを授かる。ウガヤフキアエズには四人の息子が生まれ、二番目と三番目は別のところに行ってしまい、四番目の息子が大和の国を制する人物となるが、その人こそ神武天皇であるという。一方の旧約聖書では、ヨセフはエジプトの祭司の娘を妻にし、その間にマナセとエフライムを授かる。エフライムには四人の息子が生まれ、二番目と三番目の子は早死にし、四番目の息子としてヨシュアが生まれ、ヨシュアはイスラエル民族を率いて、カナンの地（イスラエル）を征服する。

このように、ニニギ＝ヤコブ、山幸彦＝ヨセフ、神武天皇＝エフライムとして家系図を見ると、話の内容が全て一致していることに驚く。しかも、ニニギは日本の古語で「実り多い」という意味だそうだが、エフライムもヘブライ・アラム語で「実り多い」という意味なのだという。日本神話における天皇家は旧約聖書の北イスラエル王国の王室であるエフライム族の話がモデルになっていると考えられるのだ。

さらに言えば、神武天皇の正式な名前は「カム・ヤマト・イワレ・ビコ・スメラ・ミコト」と言われている。記紀において天皇はすべて神武天皇同様、最後に「スメラ・ミコト」が付いた名で呼ばれているのをご存知の方も多いと思う。

日本語としては意味不明の「スメラ・ミコト」とはどういう意味なのだろうか？

まず、「スメラ」とは「サマリヤの」を意味するヘブライ系アラム方言であり、「ミコト」は古代イスラエル人が使ったと思われるセム語の一つで、これは「王」(皇帝)という意味だ。つまり、スメラ・ミコトは「サマリヤの王」を意味する言葉なのだ。

何を隠そうサマリヤとは北イスラエル王国の別名である。つまりスメラ・ミコト=サマリヤの王であり、「北イスラエル王国の王」という意味である。イスラエルの失われた一〇部族は古代日本に渡来し、その記憶を基に天皇がスメラ・ミコトと呼ばれるようになったのは歴史の真実であるに違いないと考える。

二、日本とユダヤ、建国神話における共通点

「過ぎ越しの祭」と正月の類似性

ここまで書くと明らかなように、日本人のルーツが古代イスラエル、つまり古代ユダヤ人にあるのだから、双方の習慣が似てくることは間違いない。

その一つが、日本の正月の習慣とユダヤ人の「過ぎ越しの祭」の類似性である。

ユダヤ人における過ぎ越しの祭（パスオーバー）とは、モーセ率いるイスラエルの民がエジプトを脱出した故事を祝うユダヤ教の休日である。この行事はユダヤ暦の七月一五日（太陽暦の四月五日〜二三日の間のいずれか）に行われ、通常八日間（イスラエルでは七日間）続くという。

一方で日本人はまず正月を迎える前に大掃除をし、大晦日は家族で集まって食事を取り、おせち料理をつくり、鏡餅を飾る。そして、正月になると神社に初詣に行く。一方の過ぎ越しの祭りが行われる七月一四日は日本の旧暦の大晦日と同じ日で、ユダヤ人は家にあるパンの種を除くために徹底して家中を大掃除する。

そして、過ぎ越しの祭の朝、ユダヤ人は一家で神殿シナゴークに行ってお祈りをするそうだが、日本では元旦の朝には家族揃って神社に初詣に行く習慣がある。

初詣から帰ると、日本ではお餅を食べる。お餅は日持ちがする料理だが、ユダヤ人は種を入れない携帯食のパン「マツォ」を食べるという。

その際、ユダヤ人は丸くて平べったいマツォを祭壇の両脇に重ねて供えるというが、これなどはまさに鏡餅との完全一致とは言えないだろうか。ユダヤ人のマツォがなまってモチ（餅）になったとも言われており、その相似性には驚くしかない。

日本の正月もユダヤ人の過越しの祭りも七日間にわたって祝うことまで同じだ。

さらに、ユダヤ人はエジプトでの苦労を忘れないように一週間苦い菜を食べるそうだ。これが日本では一月七日に七草粥を食べるという習慣となったと推察される。

これだけでも日本人のユダヤ起源説の信憑性が高くなると思うが、これはまだまだ氷山の一角に過ぎない。続いて日本の宗教を取り上げたい。仏教伝来以前から存在している日本の神道は、古代イスラエル文明の影響を受けたものである事は間違いない。

たとえば日本書紀には「天孫民族」と記されているが、日本人は天から降臨した民族なのだ。彼らは神の子供たちで、神がその子孫に与えた土地を征服するため旅に出る。一方で聖書においては、イスラエル民族を「あなたがたはあなたたちの神、主の子供である」（申命記第一四章一節）と述べているように、天孫民族であり、彼らもまた神がその子孫に与えた約束の地を征服するために旅に出るのだ。

しかも、日本書紀には大和民族はエミシ（夷）と戦ったと記されているが、イスラエル民族は「エブス」と戦ったとされている（創世記第一五章二一節、ヨシュア記第一五章八節）。エミシとエブス……両者はあまりに似過ぎてはいまいか。

古代イスラエル国家を確立したダビデ王の伝説は、古代日本の国家を確立した崇神《すじん》天皇のそれに織り込まれている。聖書によると、ダビデ王の治世には飢饉が三年間続いたとされるが、崇神天皇の治世にも災厄が三年間続いたとされる。しかも、その後にダビデ王は民の人口調査をしており、崇神天皇も人口調査をしているところも同じだ。

さらに、ダビデ王の軍隊は「セイルの地、エドム」で戦ったとされるが、崇神天皇の軍隊は「山シロ、イドミ（山背、挑川）」の地で戦ったとされる。ここにもセイル→シロ、エドム→イドミの類似関係が見受けられる。

そして、崇神天皇の死後、彼の息子の垂仁《すいにん》天皇が即位する。同様に、ダビデ王の死後、彼の息子のソロモン王が即位している。このソロモン王はエルサレムに最初の神殿を建てた人物であり、垂仁天皇は伊勢神宮の原型とされる神道最初の神社を建てている。

ソロモン王は「池をつくって、木のおい茂る林に、そこから水を注がせた」（伝道の書第二章六節）が、同様に垂仁天皇は「諸国に令して、池や溝をたくさん開かせた。その数は八百あまり」と記されている。

さらに、聖書によると、神は夢の中でソロモン王のもとに現れる。

もしあなたが、あなたの父ダビデの歩んだように、わたしの道に歩んで、わたしの定めと命令とを守るならば、わたしはあなたの日を長くするであろう。

（列王記上第三章一四節）

ここに記されている「わたしの道」とは神の道、神道である。同様に日本書紀に目を移せば、垂仁天皇に神のお告げがあって、「あなたが神祇をよくお祀りすれば、汝の命も永く、天下も太平であろう」と述べたという。これもまた神道にのっとって信仰するなら、という意味に取れる。イスラエルの宗教も日本の宗教も神の道（神道）なのだ。

この神道という言葉は日本書紀に初めて現れ、用明天皇（在位五八五〜五八七年）に関する記述に「天皇は仏法を信じ、神道を尊ばれた」とあるという。

日本人は先祖伝来の宗教を「神道」として受け取ってきたが、同様に、神の道なる言葉は聖書中のいたるところに現れる。「神の道」「主の道」は古代イスラエル人の宗教であったのだ。この素晴らしい一致こそ、日本人のルーツがユダヤにあることを示している。

実は、神道＝ユダヤ教であるという真実については、皇室自体も過去に発言している。その発言の主は明治天皇である。かつて、明治天皇内親王仁様の長男である小林隆利牧師によると、明治天皇は仁様に何度も次のように言ったことあるという。

「仁、私は天皇の権限で日本という国を調べた結果、日本は、神道である。しかし、神道は、本来はユダヤ教である」

明治天皇は仁様に「仁、お前が結婚して男の子が与えられたならば、キリスト教の牧師にするのだよ。きっと役に立つ時が来るぞ」と厳命したことがあるという。

明治天皇は、ユダヤ教の完成がキリスト教であると理解されていたようである。

大阪外大の私の先輩は小林牧師をインタビューして小冊子を出している。

「菊の紋」と「ダビデの星」

そこで、イスラエル文化の影響と見られる日本の天皇家の文化について調べてみると、すぐに二つの大きな共通点が見つかる。

その一つが、日本の皇室で使われている「菊の紋（一六花弁菊花紋）」である。

一六に分かれた花弁からなる菊の紋章は、実は古代イスラエル神殿の遺跡にも発見されており、現在もエルサレム城壁の西の門に菊の紋章がはっきりと刻まれている。しかも、その形は日本の皇室の菊の紋とほとんど同じである。

なぜ、イスラエル神殿に菊の紋が刻まれているのかはよく分かっていないが、イスラエルにおいて菊の紋章は広く使用されており、それは日本人にとっても同様である。

ただし、菊の紋だけでは日本文化にイスラエルの影響が見られるという説に異論の付け入る余地があるかもしれない。そこでもう一つ、日本とイスラエルの文化の共通性が現実味を帯びてくる分かりやすい例を紹介したい。

その証拠は伊勢神宮にある。日本の最高神を祭る神社として知られる伊勢神宮の、内宮から外宮に至る道路の両側に立ち並ぶ約七〇〇基の石灯籠に菊の紋が刻み込まれているのは、多くの方々が目にしたことがあると思う。

しかし、石灯籠に刻まれているのは菊の紋だけではないだけではないのをご存じの方は少ないだろう。そこには三角形二つを重ねたカゴメ紋（六芒星）の文様が刻まれている。この六芒星こそ「ダビデの星」と呼ばれる古代イスラエルのダビデ王の紋章だ。

すでに本書で何度も名前が出ているダビデ王は、イスラエルの全一二支族の内、南部のユダ、ベニヤミンの二部族から推戴されて紀元前一〇〇四年にユダの家の王となり、その後、紀元前九九七年に北部の一〇支族からも王権を委ねられ、全イスラエルの王となった人物である

モーセに次ぐ偉大な人物と評されるダビデ王はエルサレムを首都に定め、一代でイスラエルを大国にしただけでなく、黄金時代を築いた英雄である。ダビデの星は、ご存知のように一九四八年に建国されたイスラエル国旗のシンボル・マークでもある。

いわば、日本の国旗・日の丸に相当するユダヤ人独特のマークで、そんなマークが伊勢皇大神宮にあることは、日本がユダヤと同じ流れの国であることを意味しているのだ。

――ほかにも神道や日本の伝統行事の中には、ユダヤ文化の名残が見受けられる。全てを列挙することは難しいので、その内の一部を紹介したい。

①神輿

神社の祭事で担がれる「神輿《みこし》」は、モーセが神と契約した十戒が刻まれた石を納めた〝契約の箱〟いわゆるアーク（聖櫃）に似ていると言われる。

どちらも黄金色をしているだけでなく、アークの下部には二本の棒が貫通しており、移動させる際には肩に担いだというが、その形は神輿と完全に一致する。

聖書によると、ダビデ王はアークがエルサレムに戻ってきた時、アークを担ぐ者たちと共に町の中を巡り歩いたとされ、その後、人々はアークの前で踊ったとも書かれている。こうした光景は、日本の祭で勇壮な男衆たちに担がれた神輿が人々の間を練り歩きながら進む光景と実によく似ている。

また、日本の神輿の頂上には翼を広げた金色の鳳凰が飾られているが、これはアークの蓋に飾られた一対の天使の像が元になっていると考えられる。天使像はアークの守り神であり、神輿の鳳凰も同じ役目を果たしているのだろう。

②神殿の構造

神輿だけでなく、日本の神社の構造とイスラエルの神殿の構造との間にも、多くの類似点があることが指摘されている。

日本の神社が礼拝をする「拝殿」と御神体を安置する「本殿」とに分かれているのは日本人なら誰もが知るところだが、イスラエルの神殿も、中は「聖所」と「至聖所」と呼ばれる二つの場所に分かれていた。こうした形状を示す宗教施設は、欧米はもちろん中国にも見当たらないもので、日本とイスラエルに特有なものだと言われている。

③鳥居

さて、神社の参道に当然のように立つ「鳥居」だが、鳥居が何のためにあるのかご存知だろうか？　単なる門という答え以外、日本人自身にも想像がつかない。

しかし、この鳥居の存在理由もユダヤ人が見れば即座に理解できるという。なぜなら、鳥居の形は古代ヘブライの建物（玄関口）とそっくりの構造であるからだ。しかも、赤い色にはヘブライ人的な宗教的根拠があるというから驚く。

そもそも「トリイ」はヘブライ語アラム方言で「門」という意味だ。

出エジプト記によれば、モーセは頑なな心を持つエジプト王ファラオに脱出を認めさせるため、一種の〝魔術競争〟を仕掛けた。しかし、脱出前日に〝殺戮の天使〟がエジプト全土に襲い掛かってくる。その時、モーセはヘブライ人たちに殺戮の天使から身を守るために玄関口の二本の柱と鴨居に羊の血を塗らせ、殺戮の天使が通り過ぎるまで家の中で待つように指示したのだという。その形状は鳥居そのものだ。

実に納得できる根拠であり、これこそが神社にある鳥居のルーツと言えよう。

④狛犬

また、鳥居と並ぶ神社の名物が「狛犬」だ。日本の神社には拝殿の両側に狛犬がどっしりと座っており、参拝に訪れるものを威圧している。

この狛犬、元は獅子（ライオン）の像であったというが、そもそも日本にライオンは生息していない。日本に存在していないはずのライオンの像が神社に置かれているのは、考えてみると実に不思議な話ではないか。

しかし、これも日本の神道がユダヤ起源と考えれば腑に落ちる。古代イスラエルでは、神殿や王宮の装飾に獅子の像が使われていたのだ。

⑤供え物

日本の神社で行われている、その年に採れた初めての果実や収穫物を供える「お供え」の習慣は、古代イスラエルにおいても同様に行なわれてきたという。

また、日本の神社では神官が木の枝で「お祓い」をするが、これもまた、古代イスラエルの祭司が「ヒソップ」と呼ばれる木で清めの儀式を行なったことによく似ている。

さらに、日本人は神社にお参りする時に「賽銭」を捧げるが、こうした習慣は古代イスラエルの神殿でも行われていたという。

⑥お守り

日本には古くから「お守り」を持つ習慣があり、鞄に付けたり、財布に付けたり、あるいは車の運転席にお守りをぶら下げたりしている人もたくさんいる。

商売繁盛や良縁、安産、合格……など、実にさまざまなお守りが神社で売られている。

また、東北地方などではたくさんのお守りを家の入口や神棚のわきに張り付けている家があるという。こうした習慣は古くからイスラエルにもあり、旧約聖書の外典には、古代イスラエルの兵士が呪文を書いた護符を身に付けていたと記されている。これは「アミュレット」と呼ばれており、幸運を祈る日本のお守りと同じようなものだ。

また、ユダヤ人には「メズサ」と呼ばれる羊の皮でできたお守り札を家の入口に張りつけておく習慣もあるという。

⑦三種の神器

神道における三種の神器とは、「勾玉（八尺瓊勾玉《やさかのまがたま》）、鏡（八咫鏡《やたのかがみ》）、および剣（草薙剣《くさなぎのつるぎ》）」で、この三つは天皇の皇位継承の印として神聖視されてきた。

勾玉、鏡、剣は多くの古墳でも発見されており、古くから人々に大切にされてきたことが分かっている。この中で最も起源が古いのは八尺瓊勾玉で、鏡や剣は後代に中国大陸から輸入されたものであるのに対し、八尺瓊勾玉は、日本古来の物である。

この八尺瓊勾玉は、ヤハウェの神への信仰を表すと主張する学者もいる。問題なのは勾玉の形である。ヘブライ語アルファベットのヨーヅ（❜）と同じで、ヨーヅは、英語でYに相当する。つまり、神の御名ヤハウェを表すＹＨＷＨの頭文字なのだ。古代イスラエル人の間では、ヨーヅの一字でヤハウェの御名が表されることもあったという。

古代日本人はヤハウェの神への信仰を持っていたのかもしれない。

⑧山伏

山に籠もって修行する修験道の行者を「山伏」と呼ぶが、この山伏の立ち居振る舞いも古代イスラエルの習慣に非常に良く似ている。

たとえば山伏は、額に「兜巾《ときん》（頭巾）」と呼ばれる黒い尖頭円型の被り物を付けるが、これは古代から今日まで、ユダヤ教の祭司が額に付ける黒い聖なる箱「ヒラクティリー」と瓜二つである。ヒラクティリーには「旧約聖書」の言葉が納められているという。

こうした習慣はユダヤ教徒と日本の山伏にだけ見られるものらしい。

また、山伏が吹く「法螺貝」も、イスラエル人が祭のときに吹く「ショーファー」という笛に似ていると言われている。ショーファーは羊の角だが、御頭祭で羊の頭が鹿の頭になったように日本に羊は少ないので法螺貝が用いられたと推測される。

しかも、双方とも同じような音がするという。

⑨清めの塩

相撲中継を見ていると、土俵に上がった関取が勢いよく塩をまく姿を見ることができる。多くの外国人はこの姿を見て日本独特の習慣と大いに喜ぶようだが、その本質は理解できていないと言える。しかし、ユダヤ人だけはそうではないという。

ユダヤ人は「塩をまく」のは「土俵を清めるため」と即座に理解するのだ。

なぜなら、ユダヤ人の家庭には古くから母親が同じようなことをして家の中を清める習慣があるという。相撲以外でも、日本料理店の入り口には塩を盛った皿が置かれ、葬儀に参列した人は家に帰る前に清めの塩をかけるなど、日本人は塩で場や体を清めることをしているが、そうした習慣がユダヤ由来と考えるのは興味深いものである。

⑩祇園祭

京都では毎年、七月一七日から「祇園祭」が大々的に行われ、京都市内にはものすごい数の観光客が殺到する。

この七月一七日はイスラエルにおいても非常に重要な日で、ノアの箱舟がアララテ山に辿り着いた日なのだ。そのため、古代ヘブライ人はこの日に謝恩祭を行なっていたという。

モーセ以後は、この時期に収穫祭（仮庵の祭）が行なわれるようになった。

京都で行なわれる祇園祭には、こうしたノアの箱舟の記憶やイスラエルの収穫祭を思い起こさせるものがあるという。

まず、祇園祭では舟の形をした山車（山鉾）が町内を巡る。また、神輿には鳩に似た小鳥の彫刻や榊の小枝をくわえた鳥の模型が付いているが、これらはノアの箱舟そのものや、オリーブの小枝をくわえて箱舟に戻ってきた鳩の話を思い起こさせる。

何より、祇園祭の祇園（ＧＩＯＮ）という名前は、エルサレムの別名である「シオン（ＺＩＯＮ）」とよく似ており、〝ギオン〟は〝ジオン〟の転訛と指摘する研究家もいる。

三．三千を超えるヘブライ語に類似した日本語

日本神話に刻まれたヘブライ語の言葉

古事記や日本書紀における、日本の創世神話は次のようになっている。

天地がまだ混沌としていた時、天の神々は男神イザナギと女神イザナミに、「この漂っている国をよく整えて、造り固めよ」と述べる。

イザナギとイザナミは天界に浮かぶ橋の上から神聖な矛を手に持ち、それで地上界をかき回した。矛を引き上げた時、矛の先から落ちた潮が「オノゴロ島」を形成した。

彼ら二神はその島に降り、そこに天の御柱を立てた。また八尋殿と呼ばれる大きな宮殿

を建て、イザナギはそこでイザナミに求婚する。

彼らの結婚式は、その柱の周りをまわるという儀式だった。

イザナギは柱を左から回り、イザナミは右から回った。

そして、両者が出会った時、彼らは互いに「アナニヤシ」と言ったという。そして、二神は結婚した。

——こうした伝説に記されたイザナギとイザナミの結婚だが、これはユダヤ人からするとユダヤの伝統に即しているそうだ。古代イスラエル、および現代のユダヤ人の間でも、結婚式では立っている花婿の周りを花嫁が回る習慣になっているのだ。

ここでイザナギとイザナミが放った言葉「アナニヤシ」だが、これは日本語では意味をなさない。しかしヘブライ語では違う。ヘブライ・アラム語の「アナ・ニーサ」がなまったものと考えられるが、アナ・ニーサは「私は結婚する」という意味なのだ。

また、スサノオが乱暴狼藉を働いた際、太陽の女神アマテラスが天の岩屋戸に閉じこもったことから世界が暗闇となって混乱したというエピソードも有名である。

その際、アメノウズメは神殿の前で踊り、神々は女祭司アメノコヤネを呼び寄せ、アメノコヤネは洞窟の前でこう言ったとされる。

「ひい、ふう、みい、よお、いつ、むう、なな、やあ、ここの、とうぉ」

これを聞いたアマテラスは、

「こんなに嬉しい言葉を聞いたことはなかった」と言って、洞窟の戸を開けたという。

――かなり有名な伝承だが、よく考えると、なぜ祭司は数詞を並べたてたのか、そして、なぜ数詞を聞いたアマテラスが喜んだのかは全く不明である。

しかし、祭司の「ひい、ふう、みい……」という言葉をヘブライ語で訳すと驚くべき真相が見えてくる。

「ひい、ふう、みい、よお、いつ、むう、なな、やあ、ここの、とうぉ」

この言葉をヘブライ語で訳すと次のようになる。

「誰が女神様を出すのでしょう。出ていただくためにいかなる言葉をかけましょう」

まさにこの場面にぴったりの言葉であり、アマテラスが喜んで出て来た意味もストンと腑に落ちるというものだ。

このように、日本語にはヘブライ語の影響が多分に見られるのである。また、日本人は数を数える時にこう言うことが多い。

「ひとつ、ふたつ、みっつ、よっつ、いつつ、むっつ、ななつ、やっつ、ここの、とうぉ」

実はこれは先の「ひい、ふう、みい……」のそれぞれに、接尾語である「とつ」（たつ）、または「つ」を付け加えたものに他ならない。

実はヘブライ語で「TETSE（てつぇ）」、または「TSI（つぃ）」は「出てきてください」という意味になる。つまり、この言葉は、「ひい、ふう、みい……（誰が女神様を出すのでしょう。出ていただくためにいかなる言葉をかけましょう）」とアメノコヤネが一語ずつ話す度に、周囲の神々が「てつぇ」と唱和したものと想像されるのだ。

アメノコヤネの「ひい」に周囲の者が「てつぇ（出てきてください）」と唱和し、「ふう」に「てつぇ」と唱和し、「みい」に「てつぇ」と唱和するという具合だ。

その結果、「ひとつ（ひい＋てつぇ）」、「ふたつ（ふう＋てつぇ）」……という言い方が完成していったと考えられる。

最後の「とう」では全員が唱和したというが、「とう（TAWO）」はヘブライ語で「彼女は来る」という意味なのだ。その結果、アマテラスは天の岩屋戸から出てきた。

――これらは古代の日本人にヘブライ語が浸透していたことの証と考えられる。

日本語に残るヘブライ語の表現

また、こうした日本語とヘブライ語の類似性は発音にとどまらない。

日本語の漢字は中国から伝わったもので、その漢字を崩したものが平仮名や片仮名になったと私たちは学校で教わったし、一般的にはそう思われている。

しかし、日本語の平仮名と片仮名の表記をヘブライ語のそれと比較してみると、必ずしも漢字が崩れて平仮名や片仮名ができあがったという説には諸手を挙げて賛成することにはいかなくなる。日本語の平仮名と片仮名の中には、ヘブライ語の表記とそっくりか、あるいはよく似た字があるのだ。

平仮名、片仮名の「コ」「ク」「ア」「ト」「フ」「レ」「ル」「ノ」「そ」「ワ」「リ」「ヒ」「イ」はヘブル語とまったく同じ音と文字と言って差し支えない。他にも「サ」「ハ」「ラ」「ナ」「ウ」「ソ」「フ」「ス」「ツ」「ミ」「ん」などは、やや角度を変えたり線を加えたりするだけで同じ形となる。ここまで似ていると、平仮名と片仮名の起源はヘブライ語にあるという説を信じるしかなくなってくる。

かつて、日本の神社に住み込み、見習い神官として働いたユダヤ人研究家のヨセフ・アイデルバーグ氏は、そもそも、カタカナの語源はヘブライ語の「クタ・カナン」（カナンの文字）を意味し、ひらがなは「エーラ・カナ」（絡み合い、切れずに連続して書かれたカナン文字）の意味ではないかと主張する。ちなみに「カナン」とはイスラエルの地を意味する。古代日本人は漢字を中国から輸入する前から文字を知っていたのだ。

日本語の文字そのものがヘブライ語に似ているというのはかなりの衝撃であるが、ここまで本書を読まれて来た方の中には、日本人とユダヤ人の間に共通する事象があることにはもはや驚かれなくなっているのではないだろうか。

そこで、日本語とヘブライ語の類似性を指摘する表現を記載しておく。

身近なところでは、たとえば「あなた」や「あんた」は、ヘブライ語や古代アラム語でも「アター」と言う。また、皇帝を意味する「ミカド」は古くは「ミガド」と言っていたそうだが、ヘブライ語では高貴な方を「ミガドル」と言っている。

先ほどから何度か出ているイザナギとイザナミだが、「イザ」はヘブライ語で「救う」で、「ナギ」が「指導者」の意味であるという。まさに救世主の意味であろう。同様に、「ナミ」は「慰め」という意味であり、イザナミとは慰め救う者を意味する。

他にも、歌の掛け声に「エンヤラヤ」という言葉があるが、これは「我こそヤーエー

（ヤハウェの神）を賛美し奉る」という意味であり、「ヨイショ」は「主よ、助けたまえ」で、「ワッショイ」は「神が来た」という意味だというから驚く。

また、ソーラン節の「ヤーレン・ソーラン」は、ヘブライ語の「ヤーレン・レ・ソーラン」で、「ヤハウェ、われに応えり、注目せよ」の意味であり、佐渡おけさの「アーリャ・サ」はヘブライ語の「われ讃えまつらん、主権者を」の意味になるというのだ。

また、日本人がごく普通に行っているじゃんけんの掛け声「ジャン・ケン・ポン」だが、この言葉もまた「(手を）隠す、用意せよ、来い」という意味のヘブライ語なのだ。

さらに、相撲の掛け声である「ハッケヨイ」「ノコッタ、ノコッタ」も、ヘブライ語だとそれぞれ、「撃ってしまえ」「やっつけろ！」を意味するというから驚かざるを得ない。

こうした類似性に衝撃を禁じ得ないのは私だけだろうか。


166ページに日本語と極めてよく似ているヘブライ語の例（表A）を挙げておきたい。

そして、何とも興味深いのが日本の国歌「君が代」である。

「君が代」も実は古代ヘブライ語で訳してみると、まったく別の意味が浮かび上がって来るという。

日本語	ヘブライ語（意味）
君が代は	クムガヨワ（立ち上がる）
千代に	テヨニ（シオンの民）
八千代に	ヤ・チヨニ（神・選民）
細石の	サッ・サリード（喜べ・人類を救う、残りの民として）
巌となりて	イワ・オト・ナリァタ（神・予言・成就する）
苔の生すまで	コ（ル）カノ・ムーシュマッテ（全ての場所・語られる・鳴り響く）

つまり、君が代はヘブライ語で「立ち上がれ、神の選民・シオンの民よ！　喜べ！　人類に救いが訪れ、神の予言が成就することを！　全ての地をあまねく宣べ伝えよ！」という意味になり、これは聖書に書かれた預言と同じなのである。

これまで私たち日本人が目にしたり、口にしたりしていた言葉、あるいは歌に隠された別の意味があったのだ。そう考えると、日本の歴史の全く違った側面が見えてくる。

と同時に、日本という島国が世界史の中に占める役割というものが改めて見えて来はしないだろうか。日本人が中国や韓国から日本海を超えて渡来したという説に異を唱える人は少ないと思う。しかし、日本人の民族としての資質や性格が中国人や韓国人と似ているかというとそうは思えないのが正直な気持ちだろう。

そこで以上のような〝事実〟を踏まえた上で、日本人のルーツがユダヤ人にあると考えると、〝そうか、なるほど！〟と納得される方も多いことと思う。そう考えることで、日本の伝統文化に残るユダヤ教、さらには聖書の預言や奇蹟……それらが歴史の真実として厳然と目の前に立ち上がって来るのである。

【表A】日本語と似ているヘブライ語30選

【日本語】	【ヘブライ語】
アキナウ（商う）	アキナフ（買う）
アタリ（辺り）	アタリ（辺り）
アリガトウ（有難う）	アリ・ガド（私にとって幸福です）
アルク（歩く）	ハラク（歩く）
オワリ（終わり）	アハリ（終わり）
カク（書く）	カク（書く）

カタ（肩）	カタフ（肩）
カネ（金）	カネー（買う）
カルイ（軽い）	カル（軽い）
コマル（困る）	コマル（困る）
コオル（凍る）	コール（寒さ、冷たさ）
サムライ（侍）	シャムライ（守る者）
スム（住む）	スム（住む）
スワル（座る）	スワル（座る）
ダメ（駄目）	タメ（ダメ・汚れている）
トル（取る）	トル（取る）
ツモル（積もる）	ツモル（積もる）
ニオイ（匂い）	ニホヒ（匂い）
ニクム（憎む）	ニクム（復讐する）
ヌシ（主）	ヌシ（長）
ネギ（神職）	ナギット（長、司）

ナマル（訛る）	ナマル（訛る）
ノボル（登る）	ノボー（登る）
ハカル（測る）	ハカル（測る）
ホロブ（滅ぶ）	ホレブ（滅ぶ）
ミカド（帝）	ミガドル（高貴なお方）
ミコト（尊）	マクト（王、王国）
ヤケド（火傷）	ヤケド（火傷）
ワラベ（子供）	ワラッベン（子供）

第五章　和気清麻呂と秦氏が日本に果たした役割

一・日本の天皇家を救った和気清麻呂

かつてはお札の顔だった和気清麻呂

さて、前述したように妻・妙子の先祖は和気清麻呂である。

今では学校の日本史でもほとんど教えなくなってしまったようが、戦後の一時期までは「三大忠臣」と称して和気清麻呂と楠正成と新田義貞の偉業を教えていたという。

お札の顔と言えば一昔前までは聖徳太子や伊藤博文が有名だが、かつて発行されていた一〇円札の顔は明治三二（一八九九）年～昭和一四（一九三九）年まで和気清麻呂であった。昭和元年生まれの私にとっても身近な存在であり、日本の歴史においても聖徳太子や伊藤博文らと並ぶほど大きな役割を果たしたのが和気清麻呂なのである。

では、なぜ和気清麻呂が有名になったかというと、一般的には多くの日本人が知っている平安京を京都に造営した立役者であるからだ。和気清麻呂は大陸文化に飲み込まれそうになった朝廷を「平安京」への遷都で救ったのである——これは日本史における極めて重大な転換点の一つであった。

そんな和気清麻呂と縁が深かったのが渡来人の豪族・秦氏であり、この秦氏が実はユダヤ人であったとも言われている。そして、和気清麻呂の偉業の数々には秦氏の影響が見て取れる。そこで、本章では和気清麻呂と秦氏について述べてみたい。

まず、和気清麻呂（七三三〜七九九）は奈良時代の初め、備前国藤野郡（現在の岡山県和気町）に磐梨別平麻呂《いわなしわけのひらまろ》の息子として生まれる。三歳年上に、姉の広虫《ひろむし》がいる、和気一族は元来、備前磐梨郡、あるいは藤野郡あたりの地方豪族だったらしい。おそらく製鉄技術を持って大陸から渡来した一族だったとも考えられており、そうした縁で渡来人の秦氏とも近い関係にあったようだ。七世紀になって大和族の支配が全国に及ぶと、和気一族もこれに従属して地方官となった。

平城京が出来て律令制が整って来ると、地方官はその子女を采女《うねめ》あるいは衛士《えじ》として都に送ることが義務付けられていた。広虫と清麻呂が都に出仕したのは七五〇年頃のことであったと言われる。和気清麻呂は平城京の後宮で女侍従をしていた広虫の後を追うように上京し、近衛府の武官として朝廷に仕えた。

当時の奈良では東大寺が建築中で、仏教文化が大いに栄えていた。一方で、政治的な暗躍も著しく、たびたび乱が起きていたという。

宇佐八幡神託事件で天皇家を救う

和気清麻呂を一躍有名にしたのが、神護景雲三（七六九）年に起きた「宇佐神宮（八幡総本宮・宇佐神宮）神託事件」、いわゆる「道鏡事件」である。

奈良の都・平城京で栄えた仏教政治の波に乗って、僧・道鏡は巧みに政界に取り入ることに成功する。そして、孝謙天皇（後の称徳天皇）の寵愛を得て法王となり、大きな権力を握ってさらなる上の地位を狙っていたのである。

そんな中、大和朝廷の屋台骨を揺るがすような大事件が起こる。

事の発端は、九州大宰府の主神《かんづかさ》集宜阿曽麻呂《すげのあそまろ》が、朝廷に宇佐神宮の神託（お告げ）をもたらしたことだった。そこには次のような意味の言葉が書かれていた。

道鏡即位すれば国家安泰（道鏡を天皇の座に就ければ天下は太平となる）

宇佐神宮の創建は欽明天皇三二（五七一）年頃とされる。

日本全国には現在、神社が約一一万社存在するが、その中で約四万四〇〇〇社と最も多いのが八幡宮神社で、宇佐神宮はこの八幡宮神社の総本社である。鎌倉の鶴岡八幡宮や京都の石清水八幡宮と並ぶ日本三大八幡宮の一つだが、鶴岡八幡宮も石清水八幡宮も宇佐神宮の分社である。そんな由緒正しい宇佐神宮の神託に称徳天皇もさすがに驚いた。

困惑した称徳天皇は神意を確かめるために宇佐神宮まで使いを出すことを決める。その使いに選ばれたのが和気清麻呂だ。実は、当初は広虫が勅使に選ばれたようだが、広虫は病弱で長旅に耐えられないとの理由で弟の和気清麻呂に代行させせたらしい。

和気清麻呂はこの時三七歳で、近衛将監という役職にあった。

さっそく宇佐神宮に出向いた和気清麻呂が聞いた神託は全く逆の内容だった。


天の日継は必ず帝の氏を継がしめむ。無道の人は宜しく早く掃い除くべし。

（『八幡宇佐御託宣集』より）


要するに「天皇家ではない者に資格はないので、皇位を継がせてはならない」という意味である。和気清麻呂は朝廷に戻り、正直にそのお告げを伝えた。

当然、道鏡は大激怒する。虎視眈々と天皇の座を狙う道鏡の逆鱗に触れた和気清麻呂は、九州の大隅に流罪となる。しかも、「別部《わけべ》穢麻呂《きたなまろ》」と名前まで変えられたのだ。姉の広虫もただで済むことはなく、「別部《わけべ》広虫売《ひろむしめ》」と名前を変えられて備後に流罪となった。

しかし、その一年後、称徳天皇が亡くなられたことで事態は一変する。

悪事は長続きすることなく、後ろ盾を失った道鏡は下野薬師寺別当に降格となる。一方で、和気清麻呂と姉の広虫の二人は再び朝廷に戻された。

——この道鏡事件は、当時の政治の混乱を象徴するような事件でもある。

仏教が政治の中枢に浸透し過ぎていたことの弊害でもあろう。もし、和気清麻呂が権力を持つ道鏡の顔色をうかがい、自らの筋を曲げて「宇佐八幡の神託は事実」と答えていようものなら、道鏡が天皇の座に就いていたかもしれない。

もしそうなっていたら万世一系たる天皇家の血筋は途絶えていたわけで、しかも、道鏡のように欲にまみれた人間が天皇となって権力を握ったら、日本が独裁国家になっていた可能性は高い。道鏡後も天皇家と何の所縁もない人間が権力者の座に就くことは間違いなく、そうなっていたら、現在の日本とは全く違う国になっていたのではないだろうか。

そう考えると、この宇佐神宮神託事件は日本の根幹に関わる重大な事件と言えよう。

日本の歴史に貢献した和気一族

道鏡事件の後、光仁《こうにん》天皇、桓武天皇、平城《へいぜい》天皇と続き、政治の革新が行われたが、中でも、和気清麻呂がその手腕を発揮したのが桓武天皇時代である、

桓武天皇は曾祖父に当たる天智天皇の弟である天武天皇系の政権を支えてきた貴族や道鏡事件に象徴されるような仏教政治と縁を切るため、延暦三（七八四）年に平城京から長岡京に遷都する。しかし、それでも満足できなかった桓武天皇は、和気清麻呂の建議もあって、再び遷都を宣言する。

そして、「鳴くよ　ウグイス　平安京」で知られる延暦一三（七九四）年、桓武天皇は都を平城京（奈良）から平安京（京都）へと遷都を行う。

この時、和気清麻呂と平安京への遷都を裏で支えたのが秦氏であった。

和気清麻呂はその後も崩れかけていた律令政治の立て直しに勢力を傾け、摂津大夫、民部大輔、中宮大夫、造宮大夫、民部卿を歴任し、歴代天皇に重用されたのである。

ここで、和気清麻呂が残した業績の一部を紹介しておきたい。

藤原継縄・秋篠安人と共に「続日本紀《しょくにほんぎ》」の編纂を行い、菅野真道と協力して土地制度の

例規集「民部省例」を編纂する。

さらに、延暦七（七八八）年には二三万人もの人夫を動員して行内と摂津の境に大規模な土木工事を行ったという。和気清麻呂は治水や水利の面に大きな才覚を発揮したと伝えられる。この工事は八世紀の土木工事としては最大のものであったが、技術者集団であったとも言われる秦氏の支援も大きかったと思われる。

このように、天皇家と日本の国家としての基礎作りに貢献した和気清麻呂だが、延暦一八（七九九）年二月、一月に亡くなった姉を追うかのように六七歳で逝去する。

その後も和気一族は日本のためにさまざまな貢献をしている。

清麻呂の遺志に従い息子・広世は、備前の私墾田百町歩を農民救済のために賑給田《しんごうでん》とすべく国に献上したほか、延暦二一（八〇二）年に長男・広世と五男の真綱は、最澄を高雄山寺に招いて天台法華会を開き、平安山岳仏教の礎を築いた。

その後、最澄は延暦二三（八〇四）年に遣唐使と共に中国・唐に渡るが、これは広世の推薦で実現したものだ。この時、空海も一緒に唐に渡っている。そして、弘安三（八一二）年には、真綱と六男・仲世が高雄山寺で空海から真言と金剛灌頂の儀式を受けている。

この高雄山寺は和気氏が建立したものだが、後に空海に譲っており、空海は増改築を施し、「神護寺」と名付けて真言宗の本拠としたのである。

空海は後に高野山に移るまで、神護寺を住み家としたのは有名な話である。

平安京における新政治の特徴は、仏教に代わる文章道《もんじょうどう》の尊重であったと言われる。

文章道とは律令制における大学寮の一科で、中国の詩文や歴史を学ぶ学科である。和気一族は大学寮の復興にも力を入れ、広世、真綱、仲世の兄弟三人は大学寮に学んだ後に官界に入った、その後、広世は大学頭《だいがくのかみ》、仲世は大学大允《だいいじょう》となり、施設の充実や学生の養成に励んだという。さらに、父の志を継ぎ、土地四〇町を寄付して図書館である「弘文院」を設立した。

こうした文章道からは大勢の優れた官吏が生まれたというが、その代表的な存在が〝学問の神様〟と呼ばれた菅原道真だろう。

平安時代中期に入ると和気清麻呂の曾孫・時雨《ときふる》は大陸系医学を学んで医家となり、典医の最高位である「典薬頭」の地位に就いた。今で言う厚生労働大臣のようなものだ。

時雨以来、和気一族は医家の名家となり、代々典薬頭を継ぐこととなった。室町時代後期からは「半井《なからい》」姓となり、江戸時代末期まで医療に貢献したという。

そして、半井安立軒元成が住んでいた町の名残が、今も大阪に残る安立町である。安立町の住民は貧しい庶民がほとんどだったことから、元成は「医は仁術」とばかりに庶民を相手に雀の涙ほどの安い治療費しか取っていなかったという。その後、この半井姓の子孫の一部は「安立」姓を名乗ることになり、妻がこの安立一族に連なっている。

私は結婚後、妻の祖先が和気清麻呂であると知った時、大変驚いた。

しかも、不思議なことに私が就職した造船所は播州赤穂の隣町・相生にあり、赤穂は和気清麻呂を支援した秦氏の本拠地でもある。

赤穂には、秦氏が創建し、秦河勝を祀った大避《おおさけ》神社がある。

大避神社の「避」のしんにょうを除いた部分「辟」はかつて門構えの中にあり、「闢」は「びゃく」と発音していたという。大避神社の大避は大闢→だいびゃく→ダビデとなる。ネストリウス派キリスト教（景教）を研究した言語学者の佐伯好郎は、「中国ではダビデを漢字訳にすると大闢と書くが、大避神社は渡来民族である秦氏によって日本にもたらされた景教を祀るために建立された礼拝堂だ」と述べると同時に、赤穂市の南にある坂越こそ古代ユダヤ人の渡来地であると述べている。

また、イスラエルの地中海海岸にアッコという都市がある。私もアッコを訪ねたことがあり、雰囲気が私の住んでいた赤穂市によく似ていると感じた。おそらくアッコは秦氏と関係があると思う。

二、古代日本の発展に陰で貢献した秦氏

秦氏とユダヤ教の関係とは

この秦氏の存在に聞き及ぶに至って、私はスペインから帰国後、日本の歴史を再考してみる行為の正当性、いや、運命ともいうべき必然性をますます確信したのである。それだけではなく、私は日本人とキリスト教の関係性、日本人が深いところでユダヤ人とつながっていることを世の中に広く知らしめる役割を神から授かったと思った。

キリスト教への信仰に始まり、数々の聖書の預言、日本の神道とユダヤ教、そして和気清麻呂と秦氏の関係……聖書を記した古代ユダヤ人の精神が日本人の精神的ルーツになっていることに気付いて私は大いに喜んだ。そして、そんな喜びを、もっと大勢の日本人に知ってほしいと考えて生まれたのが本書なのである。

さて、いよいよ秦氏の歴史に迫ってみたい。

「日本書紀」によると、秦氏とは応神天皇一四（二八三）年に百済より日本に渡来して帰化したとされる「弓月君」を祖とする一族のことだ（新羅渡来説もある）。具体的な功績として真っ先に紹介されるのは、秦という名前の通り、日本に初めて絹の織物を紹介し、機織《はたおり》技術を広めた業績だろう。

秦氏で最も有名な人物と言えば、秦河勝である。

一般に秦河勝は聖徳太子に仕えて太秦《うずまさ》に蜂岡寺（広隆寺）を創建したことで知られる。また、秦河勝は〝雅楽の祖〟とも呼ばれ、大避神社には秦河勝が弓月国から持ってきたとも言われている舞楽面が納められている。その面は天狗に似て鼻が高く、一見すると東洋人よりアラブ系外国人のように見える。

その後、観阿弥、世阿弥親子や雅楽家である東儀家などが末裔を称し、室町時代中期の能役者・能作者である金春禅竹を祖とする金春流も河勝を初世として伝えているようだ。

秦氏は平安京遷都に関わっただけでなく、仁徳天皇陵のような古墳の建造にも力添えをしたとされる。その意味では土木作業のエキスパート集団であったようだ。

特に、古墳は秦氏が本格的に渡来してきた頃より目に見えて巨大化する。それまでは数十メートル規模だったものが、突如として一〇〇メートルを優に超える超巨大古墳へと変貌を遂げる。これは秦氏の役割によるところが大きいと考えられる。

特に仁徳天皇陵はクフ王のピラミッドや秦の始皇帝陵をはるかにしのぐ世界最大の墳墓である。先代・応神天皇、仁徳天皇、そして、その後の履中天皇の親子三代の古墳の規模は圧倒的なものだ。

さて、大避神社以降、秦氏が創建した寺社には京都の太秦にある「広隆寺」、奈良県田原本町にある「秦楽寺」、京都市太秦森ケ東町「木嶋《このしま》神社」、京都市東山区「八坂神社」、京都市北区「上賀茂神社」、京都市左京区「下賀茂神社」、京都市西京区「松尾大社」のほか、前述した和気清麻呂が活躍した事件の舞台となった大分県宇佐市「宇佐神宮」など有名な神社が多数ある。明治以前は伊勢神宮よりも宇佐神宮の方が格上とされていた。

なお、広隆寺の境内には「いさら井」と外枠の石に彫り込まれた古い井戸がある。

この名前は、景教の経典に書かれているイスラエルを意味する「一賜楽業（イスライ）」に酷似していることから、イスラエルを意味して命名されたのではないかと思われる。

この木嶋神社で一番有名なのが、ミステリアスな鳥居「三本柱の鳥居」だ。

この鳥居は上から見ると正三角形を形作っているのが特徴で、この三角形の鳥居の形は、ユダヤの神秘思想「カバラ」にルーツがあるともいわれている。

そのほか、丹後国一宮「籠《この》神社」は、天皇家の宗廟にして日本人の総氏神を祀る日本最大の神社「伊勢神宮」のルーツである。この籠神社で特記すべきは、奥の院である「真名井神社」の石碑に刻み込まれた裏家紋ではないだろうか。

この裏家紋こそ、前述したように六芒星（ダビデの星）なのだ。

秦氏と京都太秦の謎

秦氏の一族は約一万人とも言われ、彼らはみな卓越したエキスパートの技術者集団であったようだ。秦氏が日本に伝えた技術は機織りの他、前述したような大規模な土木工事や古墳の造営、養蚕、灌漑、治水、冶金など多岐にわたった。特に西山、北山、東山の山麓に囲まれた山背国と呼ばれる地域の開発と発展に大きく貢献したのである。

さらには楽器や酒造、紙の製造にも貢献したことから、さまざまな文化や芸術に関する教養を日本にもたらした。秦氏は「飛鳥文化」における中心的な役割を担っていたのだ。

この秦氏が、他の渡来人である藤原氏や蘇我氏などと大きく違うのは政治に直接かかわらなかったことである。朝廷の要職には付かず、政治の世界で実力を持つ日本人のスポンサーとなって、側面から多大な貢献を果たしたのだ。

その一人が和気清麻呂だったのである。

平安初期に皇室に仕えた和気清麻呂に平安京遷都を成功させた裏には、秦氏の協力があったことは間違いない。当時、朝廷に強い影響力を持っていた秦氏は、平安京の造営にあたり、平安京の大内裏を含む土地や多くの私財を献上した陰の立役者だったのだ。

ところが、日本史における秦氏のこうした働きについては教科書でもほとんど触れられておらず、残念なことに今も秦氏の存在はあまり知られていない。

秦氏の実態を調べれば調べるほど、この渡来系の技術者集団こそ、天皇家につながる王系一族の流れを汲む生粋の民族であるだけでなく、実際に日本文化の礎を築き、神道信仰の土台を構築した最も重要な一族であることが理解できる。


秦氏の歴史を遡ると、三、四世紀のちょうど大和朝廷が成立した頃にユーラシア大陸から朝鮮半島を経て日本に渡来してきたと考えられる。

「日本書紀」には、応神一四（二八三）年に功満王の息子で融通王とも呼ばれる弓月君が、朝鮮半島を経由して百済から一二七県の民を率いて帰化し、秦氏の基となったことが明記されている。その後、雄略天皇の時代（五世紀）には秦部九二部から成る一万八六七〇人が存在し、六世紀には少なくとも七〇五三戸、数万人規模の集団として公に知られるようになった。当時の日本の総人口から考えても秦氏の存在は際立っている。

秦氏は日本に渡来する以前、大陸においても長い間、寄留者・異邦人という立場で移動し続けたと言われる。東アジア各地においても多大なる政治・文化的な貢献を果たすも、結局は自らのアイデンティティーを明かさず、あくまで裏方に徹してきたようだ。

そのため、東アジア史においても秦氏の存在は多くの謎に包まれている。

また、史書には秦氏の祖先は始皇帝であるという記述も散見されるが、これもまた、多くの謎が残されたままだ。

数万人規模の集団が大陸から移住してきたにも拘らず、故郷が明確にされていないのは考えてみれば不思議な話である。その一方で、経済の基礎インフラがほとんど構築されていない古代日本において短期間で蓄財することはおよそ不可能であることから、秦氏は大陸で財を成し、その富と技術を伴って渡来してきたことは確かと言える。

それでは、彼らの高度な文化や技術はいったいどこで培われ、その政治力や経済力の原点はどこに由来していたのだろうか。

秦氏と関係が深い神社仏閣に残る習慣には、景教の影響を受けたとしか考えられない事例が散見されることから、秦氏はユダヤ系の景教徒ではないかと推測できる。

そこで、なぜ秦氏がシルクロードの東の終点である日本に現れ、最終的にそこを生涯の拠点として末永く国家形成に尽力したのかを、特に宗教文化における神社創建との関わりや言語面に注視し、その背景に見え隠れするイスラエルの存在を検証してみたい。

日本文化の礎を築いた秦氏

前述したように、京都周辺には広隆寺をはじめ、大覚寺、仁和寺、木嶋神社や大避神社等、秦氏が創建に関わった神社が多数ある。

なかでも、秦河勝によって建立された太秦の広隆寺は別格である。正面門前より広い境内へと向かう参道の緩やかな勾配と美しい建造物、そして背景に広がる山々の景色との調和が実に見事である。他に、仁和寺や大覚寺など秦氏が創建に携わった寺社には、境内周辺の情緒溢れる穏やかな空間やきめ細かい意匠などが際立つ高度な技巧、類似したモチーフなど共通した美的感覚を見出すことができる。

古代日本における秦氏の勢力は相当なもので、「太秦村誌」にはこう記されている。

欽明天皇の頃、戸籍に載する秦氏の総数七〇五三戸に及ぶより見れば、その勢力の侮るべからざることを知るべし。

当時、秦氏の戸数はすでに一四〇郷（郷とは律令制における地方行政区画の最下位の単位）を超えており、欽明天皇より一五代後の元正天皇の時代（七一五～七二四年）でも国内全体の郷数は四〇一二であることから、その二割を占める秦氏の勢力については想像するに難しくない。実際、秦氏は商業、農業、酒造などで貢献し、日本文化の礎を築く原動力となり、政治経済の実権を握ったのだ。

その実態は今も残る「京都府葛野郡史概要」にこう記されたほどである。

伊勢に至り商業に従ひしことあれば利殖の道に長け、他日、秦氏の富饒を招来する因を講へしなるべし。特に大蔵省に召されしを見ても秦氏の富との関係、はなるべからざる由来を窺ふべし。秦氏は實に新しき文化と共に巨富の所有者なり。

これだけの利殖の道に長けると共に、古代日本文化の基礎を築き上げ、〝新しき文化と共に巨富の所有者〟とも呼ばれたにも拘らず、日本史の教科書には「大陸から新しい文化を携えて日本の文化に貢献した渡来人」程度の記述しかないのはなぜだろうか。

それは、「日本書紀」などの古文書に「百済より帰化せり」と明記されているためではないかと考えられる。秦氏を日本文化に貢献した中心的な存在と認めてしまうと、日本人のルーツが朝鮮半島からの帰化人であると規定されることを近代日本の歴史学者のお歴々が恐れたのであろう。

また、秦氏の出自がユダヤ人であるというのもその一因かもしれない。

日本文化の礎を築いたのが朝鮮半島からやってきた渡来人であるという説が受け入れがたいだけでなく、さらには天皇家の基盤が朝鮮半島を超えてやってきたイスラエルの失われた一〇支族の一つによってできたということになれば、そもそも日本は単一民族であるという日本人のレーゾン・テートル（存在理由）を大きく揺らがせる大問題だからだ。

しかし、秦氏自体、百済系の渡来人というくくりで語ることよりも、一時的に百済に身を寄せていた異邦人と呼ぶほうが適切なのである。

秦氏のルーツをさらに遡ってみると、それは文字通り、秦の始皇帝が関与してくる。始皇帝の子孫の可能性があるだけでなく、前述した弓月君の出自である西アジア地域を超えて、最終的にはダビデ王の血統を継ぐ一族にたどりつく存在であることが分かって来る。

三、渡来人・秦氏のルーツはユダヤ人だった！

太秦に込められた意味とは？

ここからは、秦氏のルーツがユダヤにあることの裏付けを説明していきたい。

それは、秦氏が創建した寺社を検証することで判明してくる。

京都最古の寺として推古天皇一一（六〇三）年に秦氏が建立した広隆寺は、幾度となく移転を繰り返し、いつしか「太秦寺」とも呼ばれるようになった。

広隆寺が建立された当時、唐においては景教（キリスト教ネストリウス派）の布教が活発に行われ、六三八年に唐は景教を公認した。景教寺院は当初、ペルシャに由来する宗教という意味のペルシャ語「ファルシィ」の訳として「波斯《はし》」という漢字が用いられた「波斯寺」「波斯経寺」と名付けられた。

日本でも景教のルーツを持つ広隆寺を秦氏は「波斯経寺」と名付け、その当て字として「蜂岡寺」となったのだ。「蜂」は「波斯」から、そして、「経」は「宗教の聖典」を意味するヘブライ語のホック（またはオク）に由来すると思われる。

その後、六五一年にはササン朝ペルシャが滅んだことで七四五年に教団の名前が「大秦景教」と改められたことから、景教寺院の呼び名は「大秦寺《だいしんじ》」と改称され、「波斯経寺」が「大秦寺」に改名されたのである。

ことほど左様に、広隆寺そのものの背景には景教の存在が大きい。

実は、広隆寺のルーツが景教にあるというもう一つの決定的な理由もある。

それは、広隆寺が建立された場所「太秦」の文字と、その読みに秘められている。太秦はローマ国教であるキリスト教を意味する「大秦景教」の「大秦」に由来すると考えられるが、なぜそれが「ウズマサ」と呼ばれるようになったのか？

「日本書紀」や「新撰姓氏録」によると、弓月君の孫である秦酒公《はたさけのきみ》が朝廷に税を献上する際、絹をうず高く積み上げたことに感動した天皇が「兎豆母利麻佐《うつもりまさ》」という姓を秦氏に与えたのがその由来と考えられる。

また、「続日本紀」には、聖武天皇の時代、恭仁《くに》京を造営する際に築いた大宮垣の褒美として「太秦」の称号が与えられたと記載されている。

この「兎豆母利麻佐」だが、実は「ウツァ・モリッ・マシャ」というヘブライ語に漢字を当てたものとされる。「ウツァ・モリッ・マシャ」を略して「ウツァ・マシァ」となり、日本語で「ウズマサ＝太秦」と発音されるようになったのではないかと考えられる。

そして、この言葉の意味は「処刑された救い主」で、文字通り、「メシア」「救い主」、つまりイエス・キリストを意味する言葉だったのだ。このことから、秦氏が景教の信望者としてイエス・キリストを信仰していたユダヤ人であることは間違いないと言えよう。

秦氏の正体から垣間見える日本人のルーツ

ほかにも、秦氏が関連する地名や氏神などの名前は、ヘブライ語に置き換えると重要な宗教的意味合いを持つものが少なくない。

何より、秦氏が和気清麻呂を支援して造営した平安京だが、平安を古代ヘブル語では「シャローム」と言うことから、平安京＝エル・シャロームと言い換えることができる。そして、エル・シャロームとは何を隠そうイスラエルの語源である。

その意味では秦氏は京都にエルサレムを造ったとも言えるのである。

こうした数々の事象から、秦氏が日本社会や日本文化の発展に多大なる貢献をもたらし、神道＝神社信仰という日本人の精神的ルーツを築きあげたことは明らかである。

そして、そんな秦氏こそ、まぎれもなく神の選民であるイスラエル民族であることは間違いない。イスラエル民族の末裔である秦氏が、その卓越したユダヤ文化とイスラエルの遺産を携えながら長い年月を経てユーラシア大陸を横断し、中国から朝鮮半島を経由して日本へと辿り着いたのである。

そこで先祖代々の夢であるエルサレムの都の再建を目論み、和気清麻呂をバックアップして日本の京都という地に平安京＝エルサレムを造り、夢を実現したのだ。

――そうであるならば、私は秦氏の貢献をもっとアピールすべきではないかと考える。

秦氏がイスラエル、およびユダ族の出自であるとするならば、平安京にまつわる歴史の解釈が一変することは間違いない。

ダビデ王の末裔とされる秦氏が大陸より渡来し、エルサレム神殿をモデルにした平安京を築いた。それだけでなく、ユダ族の血統が秦氏を通して天皇家に継承され、日本社会の精神性に大きな影響を与えたのではないだろうか。

本章の最後に一つ記しておくと、秦氏の族長であった秦河勝は聖徳太子のブレーンを務めた人物であったとも言われる。

聖徳太子は別名を「厩戸皇子」と呼ぶことは誰もが知っていることと思う。これは、身重の穴穂部間人皇女《あなほべのはしひとのひめみこ》が宮中を見回っていた際に馬屋の戸に当たって聖徳太子を産んだことに由来する名称である。

馬小屋で生まれた聖人と言えば、もう一人思い当たる人物がすぐ頭に浮かぶはずだ。それはもちろん、イエス・キリストだが、イエス・キリストと聖徳太子の間にはそれ以外にも共通点が多いことに驚かされる。

大阪の四天王寺の境内には番匠堂と名付けられたお堂がある。番匠とは大工のことで、そのお堂の中には大工のシンボルである曲尺《かねじゃく》を携えた聖徳太子像が祀ってあるという。「曲尺太子」とも呼ばれることもある聖徳太子は、実は〝大工の神様〟なのである。一方で、イエス・キリストの父ヨセフの職業は大工であり、イエス・キリストも信仰に目覚めるまでは父の後を継いで大工の仕事をしていたのだ。

また、聖徳太子が行った偉業の一つに「冠位一二階」がある。

冠位一二階は日本で初めての冠位・位階であり、朝廷に仕える臣下を一二の等級に分け、地位を表す冠を授けたものだ。この制定により広く人材登用の道が開かれたそうで、冠位一二階には一部の人間による権力の独占を阻止する役割もあったという。

しかも、この一二という数字はイエス・キリストとキリスト教にとっては大きな意味を持つ数でもある。イエス・キリストにはペテロやアンデレなど一二人の使徒がいたことは知られるところである。このように二人の共通点はたくさんあり、また、聖徳太子が制定した有名な「一七条の憲法」は、第一条の「和をもって貴しとなす」など一読して聖書に書かれた文言と不思議と一致する部分が多いのである。

見よ、兄弟が和合して共におるのはいかに麗しく楽しいことであろう。

（詩篇第一三三篇一節）

この聖書の文言などは一七条の憲法の第一条そのものと考えられる。

聖徳太子の支援者だった秦河勝は、聖徳太子を売り出す際のイメージを作り上げる過程でイエス・キリストを参考にしたのではないかとも考えられる。

そして、この一七条の憲法などは日本人の精神構造に大きく関与するものであり、それが秦氏のアドバイスによって作成されたものであるとするならば、大いに納得できる。

ユダヤ人の美徳が日本人の美徳に

このように秦氏の歴史を詳しく調べてみると、彼らのルーツがユダヤ人であることは間違いない真実であると私は確信する。

これもまた一つの真理ではないだろうか。そう考えると、調和と繊細な美を大切にする日本文化のルーツはユダヤに由来するとも思われる。そして、日本人のルーツの多くの部分が秦氏に由来するということは、神の選民であるユダヤ人の血が日本人の精神に根付いていることを意味すると考えられる。

もちろん、日本人が単一民族であるという説に私はあえて異を唱えることはない。しかし、ここまで日本の歴史とユダヤの関係を調べてみると、紀元前七世紀にイスラエルの失われた一〇支族の一つが日本に辿り着いて日本の建国と天皇家の確立に寄与し、その後の三世紀に日本に渡来したユダヤ人の地を引く秦氏によって、日本社会と日本文化が大きな転換点を迎えたのは間違いのないことであると考える。

そう考えると、日本人自体はもともと単一民族ではあるものの、その精神構造の形成にはユダヤ人の影響が大きかったであろうことは否定できない。

日本人が知らず知らず身に付けていた優秀な頭脳や、こつこつと真面目に働き、勤勉なところなど民族としての美徳や優秀性は、ユダヤ人の精神性の優れた部分を受け継いだものではないだろうか。いや、そうに違いないと私は考える。

それは言い換えれば、聖書の精神性が日本人の血の中に連綿と流れていることの証である。そのことに思いを馳せると、私は大きな幸福感に包まれるのである。

日本人は勤勉であり、正直であり、和の精神を兼ね備えている。明治の世になって開国した日本がわずか四〇年ほどで世界第一位の陸軍国、第二位の海軍国ロシアを破ることができたのも、日本人は識字率が高く、教育が行き届いていたことに起因すると思う。

これは大いに世界に誇っていい資質であろう。

ところが、現代の日本人はというと、誰の影響かはここでは明らかにはしないが、常に自虐的で日本を悪く悪く見ようとしている。

私は常日頃から、このことを苦々しく思っている。私がスペインで感じたように、日本人は優れた民族なのだから、もっと誇りを持って生きて欲しいと思う。自虐的な意識とはさよならして、もっと誇りを持って欲しいのである。

何度も言うが、日本民族は世界に誇れる民族だと私は自負している。

そして、ここが一番言いたいところであるが、その根底にはユダヤの精神、つまり、聖書の教えが存在している。

現在の日本人のほとんどは、神道と仏教を共に信仰していることと思う。しかし、前述したように神道はユダヤ起源なのであることを考えると、実は日本人にキリスト教の精神はしっかりと根付いているのではないだろうか。

――であるならば、神が過去と未来を見通して書いた書物である聖書に日本人のことが書かれていないはずがない。

実は聖書には日本人のことも書かれている。そして、それは終末に関する預言でもある。

そこで最終章となる次章では、聖書に記された日本人に関する預言と、私が考えるこれからの世界に対する日本の役割について述べてみたい。

終章　聖書（神）を信じる者は救われる

一．世界の終わりはすぐそこまで来ている

黙示録に関する預言とは？

さて、ここまで私自身の信仰遍歴と真理の発見に至るまでの過程、そして、聖書に記された内容こそが真の人類の歴史に間違いないこと、さらには日本人のルーツがユダヤ民族にあることの正当性を、数々の証拠を挙げつつ述べてきた。

これまではキリスト教と聖書自体が日本から遠く離れた中東、あるいは西洋社会で生まれたことから、地球の反対側にあるアジアの片隅に住む私たち日本人にはあまり縁がないと考えている方も多いことと思う。ところが、本書を読まれた方はご存知のように、日本人とユダヤ人は決して無関係な存在ではないのだ。いや、無関係どころか、私たち日本人と聖書を書いたユダヤ人の間には切っても切れない深い〝絆〟があるのだ。

本書を読んでいただいた方には、そのことを十分納得していただけたことと思う。

さて、ここまではそうした〝過去〟の話をしてきたが、終章となるこの章では聖書に記された現実社会の〝未来〟について述べてみたいと考えている——。

先に聖書は歴史書であると書いたが、もちろん、そこには聖書が書かれた時代からするとほとんど未来の出来事が記されている。聖書が歴史書というのは、現代から見た場合の話である。そして、イエス・キリストの生誕から二〇〇〇年あまりが経った今、すでに多くの預言が成就しているが、今後も数々の預言が成就するに違いない。

その点で最も大事なのが、この世の最後にやって来るというヨハネが記した「黙示録」に関する預言ではないだろうか。

黙示録……つまり神とサタンとの最終戦争であるハルマゲドンに関する預言は、西洋のキリスト教社会ではきわめて重要なテーマであり、数々の小説や映画などでも取り上げられてきたことがあるので、ご存知の方は多いことと思う。

一般には善と悪との最終戦争などという俗っぽい呼び方をされることも多いが、恐るべきことにこの最終戦争で人間の約三分の二は死ぬのだ。

この人類の三分の二が死滅するという点が実は黙示録で一番重要なポイントである。たまたま三分の二が死滅するのではなく、そこには確たる理由があるのだ。

その理由こそが信仰である。かつて神は大洪水を起こして無信心で悪の限りを尽くす人々を地上から一掃した。それと同じことが再び起こるのだ。つまり、信仰を持たず放蕩の限りを尽くす三分の二の人間は死滅するのである。

一方で、信仰を持つ人々はまずはイエス・キリストの空中再臨によって救われ、その後の黙示録を経て残りの信仰を持つ人々が生き残るのである。

もちろん、この最終戦争は神と再臨した神の子イエス・キリストが勝利する。

その結果、地上に千年王国が実現するのだが、この千年王国を謳歌できるのは当然生き残った三分の一の人間であり、その人々こそ罪を悔い改めた人間なのである。

そして、何より大事なのは、この黙示録の預言の成就がすぐそこまで迫っていることなのだ。決して何百年も何千年も先の出来事ではなく、数十年、あるいは数年後に起こると私は確信している。

こんな風に書くと、〝そんなのは映画の世界の出来事に決まっている〟とか、〝絵空事のおとぎ話なんか信じられない〟などと思われる方もいらっしゃるだろう。

しかし、これまで紹介した聖書の預言同様、この話も真実なのである。

現に、二〇二二年二月二四日、ロシアのウラジミール・プーチン大統領は隣国ウクライナへの〝特別軍事作戦〟を実行に移し、ロシア・ウクライナ戦争の火ぶたが切って落とされた。二〇二四年の今日にいたるまで続くロシアなどのいわゆる東側諸国とアメリカ、イギリス、フランスら西側諸国の世界を二分した戦争の始まりである。

どちらが善でどちらが悪かの判断は置いておいて、これはまさに、聖書に記された最終戦争の始まりとは言えないだろうか。

さらに、二〇二三年一〇月七日、パレスチナのガザ地区を実質支配するイスラム原理主義の過激派組織ハマスの兵士が突如、イスラエルを襲撃した。これを機にイスラエルは一九七三年の第四次中東戦争以来の宣戦布告を決定した。この襲撃でイスラエル側で一三〇〇人以上が死亡し、一方で、ハマスは大勢の人質を拘束し続けており、ガザ地区内ではその後の二週間で四〇〇〇人近い死亡者が出ているという。

イスラエルと西側諸国はハマスをテロ組織と非難し、人質救出のために何度か軍事作戦を実行に移している。

これら東欧と中東における火種が今後、世界中に飛び火するとしたら、それは聖書に記された最終戦争に発展するに違いない。聖書の預言は現実化しているのだ。

イエス・キリストの再臨は近い

もう一つ大事な点は、黙示録の幕開けから千年王国の実現に至る過程で、日本と日本人が果たす役割が大きいということである。なぜなら、日本人は正統なユダヤ人の子孫であるからである。黙示録自体を信じられない方に、千年王国の実現に日本人が関与しているなどと説いても、今度は呆然とされるかもしれない。

もちろん、聖書の中に「日本」という表記自体が出てこないのは当然だ。しかし、これまでの他の預言同様、暗喩的に日本を意味する表現が実は数多く記されているのだ。まさにそれこそ私が聖書に畏敬の念を抱く所以でもある。

聖書に記された、これからの世界に日本が果たす役割について述べる前に、まずはこれからの世界と人間社会の在り様がどうなっていくかについて述べてみたい。

まず、イエス・キリストが復活し、オリーブ山から天に返って約二〇〇〇年が経過した。その間、イエス・キリストの弟子たちによって開始された伝道活動は、世界の隅々まで広がり、キリスト教は世界で最大の宗教となったことに異論を唱える人は少ないだろう。

ここまでは聖書の預言に記されている。そこでこれから起こることだが、聖書の預言によると、神はイエス・キリストの初臨と再臨という二度の地上への到来を通して、人類救済計画を完成する予定となっている。

まことに主なる神は、そのしもべである預言者にその隠れた事を示さないでは何事をもなされない。

（アモス書第三章七節）


アモス書にこのように記されているように、神はメシア（救世主）によって堕落した世界を贖《あがな》う計画を段階的に明らかにしている。

イエス・キリストの初臨の主な目的は罪の贖いである。アダムとエバ以降、罪と死に囚われた人類を救済するため、イエス・キリストは人類全ての罪を背負い身代わりとなって十字架に磔にされて命を落とし、罪の贖いを成し遂げた。

この貴い行為によって全ての人類に罪の赦しが与えられることが可能となったのだ。

その後、イエス・キリストは三日後に復活し、初臨に関する全てのメシア預言を成就して、天に帰っていったのである。

しかし、弟子たちがイエス・キリストの復活を信じなかったことで、それから約二〇〇〇年、地上には神に従わない多くの人間が住み続けるようになった。

このままでは神による人類救済計画は達成されないことになる。そこで、イエス・キリストは全世界の裁き主、栄光の王として到来し、再臨によって神に従う全ての人類を救出すると共に、神に敵する全ての人類に裁きをもたらすのである。

聖書の中で、黙示録に記されたことは前述した「ノアの大洪水」に譬《たと》えられる。全地球的な規模で大洪水が四〇日間にわたって発生し、神に背いた全ての人類が滅ぼされたのだが、聖書の預言によれば、黙示録の際にはそれ以上のことが起こり、地上の全ての不信仰な人々が裁きによって滅ぼされることになると思われる。

また、悪魔（サタン）が解き放たれ、最後の反逆が起きる。しかし、やがて神の裁きが下り、反逆は収束する。その後、神は古い世界を一新して新しい天と地を創造するのだ。

父は御子を愛して、万物をその手にお与えになった。御子を信じる者は永遠の命を持つ。御子に従わない者は、命にあずかることがないばかりか、神の怒りがその上にとどまるのである。

（ヨハネによる福音書第三章三五、三六節）

神による人類救済計画の中心人物がメシアであるなら、私たちの永遠の運命はイエス・キリストに対する信仰にかかっていると言えよう。まさに〝信じる者は救われる〟のだ。

では、ここで黙示録によるとどんなことが起こるのか、聖書の表現を記しておきたい。少し長い引用となるが、その恐怖感を味わっていただきたい。

香の煙は、御使の手から、聖徒たちの祈と共に神のみまえに立ちのぼった。御使はその香炉をとり、これに祭壇の火を満たして、地に投げつけた。すると、多くの雷鳴と、もろもろの声と、いなずまと、地震とが起った。

そこで、七つのラッパを持っている七人の御使が、それを吹く用意をした。

第一の御使が、ラッパを吹き鳴らした。すると、血のまじった雹《ひょう》と火とがあらわれて、地上に降ってきた。そして、地の三分の一が焼け、木の三分の一が焼け、また、すべての青草も焼けてしまった。第二の御使が、ラッパを吹き鳴らした。すると、火の燃えさかっている大きな山のようなものが、海に投げ込まれた。そして、海の三分の一は血となり、海の中の造られた生き物の三分の一は死に、舟の三分の一がこわされてしまった。

第三の御使が、ラッパを吹き鳴らした。すると、たいまつのように燃えている大きな星が、空から落ちてきた。そしてそれは、川の三分の一とその水源との上に落ちた。この星の名は「苦よもぎ」と言い、水の三分の一が「苦よもぎ」のように苦くなった。水が苦くなったので、そのために多くの人が死んだ。

第四の御使が、ラッパを吹き鳴らした。すると、太陽の三分の一と、月の三分の一と、星の三分の一とが打たれて、これらのものの三分の一は暗くなり、昼の三分の一は明るくなくなり、夜も同じようになった。……中略……第五の御使がラッパを吹き鳴らした。

するとわたしは、一つの星が天から地に落ちて来るのを見た。

この星に、底知れぬ所の穴を開くかぎが与えられた。そして、この底知れぬ所の穴が開かれた。すると、その穴から煙が大きな炉の煙のように立ちのぼり、その穴の煙で、太陽も空気も暗くなった。

その煙の中から、いなごが地上に出てきたが、地のさそりが持っているような力が、彼らに与えられた。彼らは、地の草やすべての青草、またすべての木をそこなってはならないが、額に神の印がない人たち（印があるのはユダヤ人一二氏族一四万四〇〇〇人のみ）には害を加えてもよいと、言い渡された。

彼らは、人間を殺すことはしないで、五か月のあいだ苦しめることだけが許された。彼らの与える苦痛は、人がさそりにさされる時のような苦痛であった。その時には、人々は死を求めても与えられず、死にたいと願っても、死は逃げて行くのである。


（ヨハネの黙示録第八章四節〜第九章六節）


まさにカタストロフィ（大惨事）とも言うべき現象が次々と地上を襲うのである。

こうした生々しい表現などから、最終戦争はノアの時の大洪水の比ではないことが窺えるであろう。それはまるで第二次世界大戦における広島や長崎に落とされた原子爆弾の被害を思わせる。そんな表現が相応しいほどの衝撃が波状的にやってくるのだ。

しかも、これは第一の災いであり、この後にまだ二つの災いが来るのだ。

すると四人の御使いが解き放たれ、人間の三分の一を殺し、火を吐くライオンのような頭をした馬に乗った二億もの騎兵隊が地上に解き放たれ、人間の三分の一を殺すのである。

さらには、頭が七つある巨大な獣が海から現れる。一つひとつの頭には角が一〇本あり、頭には神を汚す名前が記されていた。体はヒョウ、脚はクマ、口はライオンのようであったという。生き残った全ての部族、民族はこの獣に従うしかないのだ。

黙示録の前に訪れる大患難時代とは？

一方で、世の中にはイエス・キリストの名をかたった人物が現れるという。

多くの偽キリストが「自分こそメシア（救世主）である」などと名乗って人を惑わし、多くの偽予言者が次々と人を惑わしていく。

世の中には不正や不法がはびこり、愛は冷え、争いや戦争の噂を聞くことだろう。個人と個人、民族と民族、国と国とが敵対する事態に陥るのだ。

そのとき、多くの人がつまずき、また互に裏切り、憎み合うであろう。また多くのにせ預言者が起って、多くの人を惑わすであろう。また、不法がはびこるので、多くの人たちの愛は冷えるであろう。

（マタイによる福音書第二四章一〇〜一二節）

人に惑わされないように気をつけなさい。多くの者がわたしの名を名のって現れ、自分がキリストだと言って、多くの人を惑わすであろう。

（マタイによる福音書第二四章四、五節）

偽キリストや偽預言者の出現で世界中の人々が戸惑い、人間同士の信頼が損なわれ、あらゆる犯罪や殺人事件などが起こる。地震や異常気象などの大災害が発生し、人々が一致団結して事に当たらなければならない中、偽預言者の出現で人心がばらばらになってしまえば、まさに人間社会は混沌としたカオス状態に陥る。

しかも、それらは産みの苦しみの始めに過ぎないというから恐ろしい。

こうした聖書で預言されている黙示録は、果たしていつやって来るのだろうか。

たとえ聖書の預言を知らなかったとしても、現代社会を生きる人の中には、文明存続に関わる大きな分岐点がすぐそこまで来ていると感じている人は多いはずだ。みんな、心のどこかに不安感や絶望感を抱え、何らかの災厄が起こってもおかしくないと考えている。

——もちろん、私もその一人である。

そのきっかけとなったのが、二〇〇一年九月一一日に発生し、巨大な二棟のビルが崩壊して一万人近い死傷者を出したアメリカ同時多発テロと、それ以降も世界各地で続けざまに起きている数々のテロ事件ではないだろうか。

かつて、二〇世紀には二度の世界大戦が勃発し、ホロコーストや核兵器の使用によって多大な犠牲者が出るなど〝戦争の世紀〟と言われた。それにならえば、二一世紀は〝テロの世紀〟と言っていいかもしれない。

また、二〇世紀に入るや文明は加速度的に発展し、爛熟期を迎えて世界情勢はあまりにも一変した。人口急増とそれに伴う資源の枯渇、地球温暖化などの気候変動やおさまらない環境汚染など、現代人が直面している世界規模の問題は、いずれもかつての人類が経験したことが無かったものである。

多くの聖書学者は今こそイエス・キリストの再臨が間近な「終末時代」だと考えている。それは私も同じである。いや、すでに再臨は始まっていると私は考えている。

その根拠として挙げられるのが、イエス・キリストの再臨に至るタイムテーブルである。

実は黙示録の始めに七年間に及ぶ「大患難《かんなん》時代」が訪れ、イエス・キリストの再臨（地上再臨）はこの大患難時代の終わりに生じることが分かっている。

大患難時代が始まる前提条件とは、ユダヤ人がエルサレムに帰還していることと、イスラエル国家、および代表者たちの存在である。

紀元七〇年にローマ帝国に滅ぼされて以降、ユダヤ人はパレスチナを追われ、世界中を放浪してきた。しかし、第二次世界大戦後の一九四八年、国連決議によってイスラエルの建国が承認され、ユダヤ人はパレスチナの地に帰還したのである。

さらに一九六七年に起きた第三次中東戦争以降、イスラエルはエルサレムの大半を支配するようになり、聖書の預言にある〝ユダヤ人がエルサレムに帰還している〟という前提条件も整った。こうした事実から分かることは、現代は聖書に記された大患難時代がいつ到来してもおかしくない、イエス・キリスト再臨の条件が整った時代になっているのだ。

いや、大患難時代はすでに始まっているのではないだろうか。


その時には、世の初めから現在に至るまで、かつてなく今後もないような大きな患難が起るからである。

（マタイによる福音書第二四章二一節）


では、大患難時代とは何か？

大患難時代とは、イエス・キリストが「今後も決してないほどの大きな苦難が来る」と預言した時代のことである。

人間の命を含む万物に対する支配権を持つ神は、大患難時代に生じる苦難を通して創造主に従わない人類に警告を与えると共に、最後のチャンスを与える。しかし、彼らが最終的に神に従わない場合、裁きをもって地上から強制退去させるという。

大患難時代の警告は、地上で生きている全ての人間に最後の選択を迫るものだ。

かつて神は地上の悪が回帰不能なレベルに達した時に、ノアの家族を除く全ての人間を大洪水によって一掃した……それと同じことである。

ノアの箱舟は伝説の類ではなく、歴史的事実であることは先ほど紹介した。であるならば、今後訪れる大患難時代もまた疑いようのない真実である。

つまり、人類に対する神の裁きは極めて現実的なものなのだ。

その際、悔い改めた人間を救済する神の計画は二段階あるという。まずは最初の空中再臨で信じる者を引き上げる。それから七年間、地上には大患難時代が到来し、黙示録が現実のものとなる。

ノアの時代の大洪水とは比較にならないほどの大災難が訪れ、地上が焼き尽くされ、人間の三分の二が死滅した後で、ついにイエス・キリストが地上に降りてくる。そして、残りの人間を救済するのである。

これが神の人類救済計画のクライマックスであるイエス・キリストの地上再臨である。

二、イエス・キリストが支配する千年王国が到来

反キリストに刻まれた六六六の刻印

ここでもう一度、イエス・キリストの再臨について記しておきたい。

イエス・キリストの再臨には「空中再臨」と「地上再臨」の二つがあると私は考えている。まず、空中再臨とは、イエス・キリストが自らの民を受け入れるため、今までにイエス・キリストを信じて死んだ人々を甦らせ、続いて生きている人々を死なないで天に携え上げ、共に集めて「キリストの花嫁」とすることを意味する。

次に地上再臨とは、大患難時代とそれに続く黙示録の終わりにイエス・キリストが天からエルサレムのシオンの山に下って来ることである。イエス・キリストの空中再臨と地上再臨の間に大患難時代があると考えていい。

空中再臨について、イエス・キリストの使徒パウロは次のように記している。

ここで、あなたがたに奥義を告げよう。わたしたちすべては、眠り続けるのではない。終りのラッパの響きと共に、またたく間に一瞬にして変えられる。というのは、ラッパが響いて、死人は朽ちない者によみがえらされ、わたしたちは変えられるのである。なぜなら、この朽ちるものは必ず朽ちないものを着、この死ぬものは必ず死なないものを着ることになるからである。

（コリント人への第一の手紙第一五章五一～五三節）

すなわち、主ご自身が天使のかしらの声と神のラッパの鳴り響くうちに、合図の声で、天から下ってこられる。その時、キリストにあって死んだ人々が、まず最初によみがえり、それから生き残っているわたしたちが、彼らと共に雲に包まれて引き上げられ、空中で主に会い、こうして、いつも主と共にいるであろう。

（テサロニケ人への第一の手紙第四章一六、一七節）

何度も言うように、大患難時代はすでに始まっていると私は考えている。なぜなら、聖書に語られた大患難時代に起きる現象が、すでに数多く現実化しているからである。

民は民に、国は国に敵対して立ち上がるであろう。あちこちにききんが起こり、また地震があるであろう。しかし、すべてこれ、産みの苦しみの初めである。

（マタイによる福音書第二四章七、八節）

飢饉や地震……これらは現代の日本人にとってはすでに身近なものである。世界でも飢饉や大規模な地震が起きており、それを大患難時代と考えると納得できる。

平成二三（二〇一一）年には多くの被災者を出した東日本大震災が発生し、平成三〇年（二〇一八）五月にはハワイで世界最大級の火山であるキラウエア火山が噴火し、翌日にはマグニチュード六・九の大地震が発生した。

キリスト教信者の多くはすでにそのことを理解しているが、信者でなくとも、すでに多くの人は今が時代の変わり目であることに気付いている。

まさに現代は大患難時代の真っただ中にあるのではないだろうか。

神の怒りの裁きが全地上を襲う！

大患難時代の始まりは、聖書の中で「反キリスト」と呼ばれる人物が、イスラエル及び世界の指導者たちと平和に関する七年間の契約を締結することで、開始されるという。
この人物は、患難時代の中期に契約を破り、自らを神として高め、全世界を独裁的に支配するようになる。そして、海から現れた一匹の獣は「彼は口を開いて神を汚し、神の御名と、その幕屋、すなわち、天に住む者たちとを汚した」（ヨハネの黙示録第一三章六節）のである。また、ほかの獣も現れ、全ての人々にその右の手あるいは額に刻印を押させたのである。その刻印こそ「六六六」であった。

思慮のある者は、獣の数字を解くがよい。その数字とは、人間をさすものである。そして、その数字は六百六十六である。

（ヨハネの黙示録第一三章一八節）

その時世界は、反キリストを崇めて「六六六の印」を受ける人々と、キリストに従って印を拒否する人々とに、二分されるようになる。そして、神の怒りの裁きが全地に下る。

この獣には、また、大言を吐き汚しごとを語る口が与えられ、四十二か月のあいだ活動する権威が与えられた。

（ヨハネの黙示録第一三章五節）

そして第一の者が出て行って、その鉢を地に傾けた。すると、獣の刻印を持つ人々と、その像を拝む人々のからだに、ひどい悪性のでき物ができた。

（ヨハネの黙示録第一六章二節）

大患難時代の終わりにかけて、地上に注がれる神の裁きは徐々に重みを増していく。それらの裁きによって、地上の文明は壊滅的な状態となり、獣の数字「六六六」を受けた人々には、厳しい苦難と死が臨むとされている。

しかし、その時に起る患難の後、たちまち日は暗くなり、月はその光を放つことをやめ、星は空から落ち、天体は揺り動かされるであろう。そのとき、人の子のしるしが天に現れるであろう。またそのとき、地のすべての民族は嘆き、そして力と大いなる栄光とをもって、人の子が天の雲に乗って来るのを、人々は見るであろう。

（マタイによる福音書第二四章二九、三〇節）

一連の大患難時代が過ぎた後、世界的な天変地異が生じ、太陽も月も暗くなり、星は天から落ちるという。しかし、その時、イエス・キリストは輝かしい栄光を伴い稲妻のような速さと威力で地上に到来するのだ。

獣（反キリスト）を礼拝した全ての人間は滅ぼされ、イエス・キリストを信じる全ての者は自分たちの忍耐が報われる日が来たことを悟り、歓喜するに違いない。こうして、イエス・キリストの再臨をもって苦難の歴史は終わりを迎え、いよいよ、千年王国が地上に降臨する。

またわたしが見ていると、天が開かれ、見よ、そこに白い馬がいた。それに乗っているかたは、「忠実で真実な者」と呼ばれ、義によってさばき、また、戦うかたである。その目は燃える炎であり、その頭には多くの冠があった。また、彼以外にはだれも知らない名がその身にしるされていた。彼は血染めの衣をまとい、その名は「神の言《ことば》」と呼ばれた。そして、天の軍勢が、純白で、汚れのない麻布の衣を着て、白い馬に乗り、彼に従った。その口からは、諸国民を打つために、鋭いつるぎが出ていた。彼は、鉄のつえをもって諸国民を治め、また、全能者なる神の激しい怒りの酒ぶねを踏む。その着物にも、そのももにも、「王の王、主の主」という名がしるされていた。

（ヨハネの黙示録第一九章一一～一六節）

大患難時代に日本が果たす役割とは

もう一つ、私はこれまで日本人のルーツがユダヤ人にあると主張し、その証拠の数々を紹介してきた。それが今、黙示録後の世界における日本が果たす役割につながってくるのである。近代に入って開国した日本は破竹の勢いで文明化を成し遂げ、まげを結って刀を差していた時代から数十年で西洋社会に追いつき、清（中国）、そして、ロシアを破り、西洋各国と互角の地位を手に入れた。

前述したように、そうした優秀性も日本人の中に流れるユダヤの血によるものかもしれないと私は考えている。

残念ながら第二次世界大戦で敗れはしたが、西洋諸国の植民地と化したアジア各国の独立には大きな貢献をしたことは明らかである。何より、後進国を侵略し、国民を奴隷化し、植民地化した欧米諸国と比べて、戦前、アジアに進出した日本は現地人を奴隷化することなく、鉄道などのインフラを整え、学校を建てて教育の機会を与えるなどしていた。

欧米諸国の奴隷化と違い、日本が行ったのは同一化であった。そのため、一部、日本に極端な偏見を持つ国もあるが、台湾やインドなどは日本に感謝している。

今こそ、日本人は自らのルーツに流れるユダヤ人の優秀な血に目覚めてほしいと考える。

日本人はユダヤ人同様、天孫民族……つまり、神に選ばれた民族なのである。
では、大患難時代とその後の黙示録において、日本が果たす役割とは何なのか？
聖書のエゼキエル書第三七章一五〜一九節にはこう記されている。

主の言葉がわたしに臨んだ、「人の子よ、あなたは一本の木を取り、その上に『ユダおよびその友であるイスラエルの子孫のために』と書き、また一本の木を取って、その上に『ヨセフおよびその友であるイスラエルの全家のために』と書け。これはエフライムの木である。あなたはこれらを合わせて、一つの木となせ。これらはあなたの手で一つになる。あなたの民の人々があなたに向かって、『これはなんのことであるか、われわれに示してくれないか』と言う時は、これに言え、主なる神はこう言われる、見よ、わたしはエフライムの手にあるヨセフと、その友であるイスラエルの部族の木を取り、これをユダの木に合わせて、一つの木となす。これらはわたしの手で一つとなる。

〝エフライム〟という言葉を覚えている方もいらっしゃることと思う。
エフライム族はオスマン帝国に滅ぼされた北イスラエル帝国に住んでいたユダヤ人で、失われた一〇支族の一つである。何を隠そう、日本に渡来したと言われているのがこのエフライム族なのだ。

預言者エゼキエルはユダヤ人と合体する人々を、エフライムの手にあるヨセフの木（杖）と、それにつくイスラエルの部族という複雑な説明をしているが、この一文は、イスラエルに残るユダヤ人とエフライム族の子孫である日本人が一つになることを意味していると思われる。

イスラエルの失われた一〇支族の一つである日本人と、その他の国々に散らされていたイスラエル、つまりユダヤ人の血を引く人々が合体するという暗喩であり、最終的には現在のイスラエルと日本が一つの杖となることを意味する。

これは西のイスラエル共和国と東の島々である日本が地球全体の二つの杖となって世界平和に貢献するという約束である。

アジアの西と東の端に置かれた、不思議な歴史をたどってきた二つの民族はそれぞれ異なった特性を築きながら育ってきた。イスラエルは建国わずか七五年の新しい国家だが、その歴史は聖書から連綿と続く古い国である。一方で、日本は二〇〇〇有余年も天皇制を守る国家である。ユダヤ人の特性は創造性や独創性、宗教的厳格性であり、日本人の特性は技術力、管理能力、組織力、能率性、宗教的包容性である。ユダヤ人は個人で深く思索し、日本人は複数のチームワークで組織的に物事に当たることができるとも言えよう。

ユダヤ人の叡智と日本人のしなやかさ、品格も合わされば無敵の存在となる。何より、世界の現状に目をやれば、この二つの民族が世界をリードしているとは言えまいか。この二本の杖が合体したなら、果たしてどれだけの潜在能力を発揮することが出来るだろう。預言者ホセアはこう言っている。

そしてユダの人々とイスラエルの人々は共に集まり、ひとりの長を立てて、その地からのぼって来る。

（ホセア書第一章一一節）

その意味で、ここに記された〝ひとりの長〟とはまさに天皇のことではないかと私は思う。ユダヤの血を引く天皇が盟主となって世界をリードする日がやって来ることを私は願ってやまない。

ユダヤの子孫である日米の絆が深まる

ユダヤの血を引く天皇が盟主となると書くと、妄想と一蹴されるかもしれない。
しかし、もう一点、聖書の暗喩として、日本とアメリカの関係も今後の世界の命運を握る鍵であると指摘していると私は考えているので、それを踏まえれば、あながち妄想とは言えないのではないだろうか。

ご存知のようにアメリカはユダヤ人国家である。アメリカの繁栄を築いた支配層にはユダヤ人が多く含まれており、世界経済をリードする巨大都市ニューヨークは別名をジューヨーク（ジュー＝ユダヤ人）と呼ばれるほどユダヤ人が多く住む街である。

アメリカでは、富の半分をユダヤ人が握っているとも言われ、メディアや映画会社のトップはユダヤ人であり、弁護士の八〇パーセント、大学教授もそれと同じくらいはユダヤ人であると私は聞いている。

もちろん、一九四八年に誕生したイスラエルを支えているのもアメリカだ。

アメリカと日本……この二つの国はユダヤ人の〝逃れの場〟であり、国家を失い世界を流浪せざるを得なくなったユダヤ人が、それぞれ西と東へ放浪した果てにたどり着いた土地なのだ。その点で、第二次世界大戦で戦ったものの戦後は友好関係が続き、さまざまな面で世界をリードする二国が今後も世界の命運を握り続けることは間違いない。

そして、聖書には〝東の島々に一人の指導者が立てられ、その人によってすべてが導かれる〟と書いてある。これは何を意味するのだろうか？

だれが東から人を起したか。彼はその行く所で勝利をもって迎えられ、もろもろの国を征服し、もろもろの王を足の下に踏みつけ、そのつるぎをもって彼らをちりのようにし、その弓をもって吹き去られる、わらのようにする。彼はこれらの者を追ってその足のまだ踏んだことのない道を、安らかに過ぎて行く。だれがこの事を行ったか、なしたか。だれが初めから世々の人々を呼び出したか。主なるわたしは初めであって、また終りと共にあり、わたしがそれだ。海沿いの国々は見て恐れ、地の果は、おののき、近づいて来た。彼らはおのおのその隣を助け、その兄弟たちに言う、「勇気を出せよ」と。

（イザヤ書第四一章二～六節）

わたしの支持するわがしもべ、わたしの喜ぶわが選び人を見よ。わたしはわが霊を彼に与えた。彼はもろもろの国びとに道をしめす。彼は叫ぶことなく、声をあげることなく、その声をちまたに聞えさせず、また傷ついた葦を折ることなく、ほのぐらい灯心を消すことなく、真実をもって道をしめす。彼は衰えず、落胆せず、ついに道を地に確立する。海沿いの国々はその教を待ち望む。

（イザヤ書第四二章一～四節）

これらの預言によれば、東の島々での祝福は一人の指導者との関わりによって展開されることが分かる。彼によって島々が次々と征服され、彼は人々にいつでも「勇気を出せ！」と励ます。イザヤ書に記された「わがしもべ」は、メシア（救世主）としてイエス・キリストを指すことが聖書では多いが、ここでは日本の天皇を意味すると私は思う。

古代イスラエル人が日本に渡来し、先住民と和をもって一つの民族を構成し、今日までの文化を築いてきたこと、聖書に連綿と記録されて来た、アブラハム、イサク、ヤコブ、モーセ、ダビデ……につながる選民の血筋が、今なお自分たちの遺伝子、血中を流れており、それが民族性に深く影響してきたことが明らかとなる。

日本人の背景にはやはり、聖書的神の能力が秘められているとは言えまいか。

ならば、聖書を宗教書としてみる以上に、自分たちの先祖のルーツ、先祖の記録として読み直すことがこれからの日本人に絶対に不可欠とも言える最大の課題である。もちろん、全ての日本人にアブラハムの血筋が流れているということはないだろうが、一つの島国で精神的には同一民族であり、同じアブラハムの子孫であるとも言えよう。

その時、見よ、イスラエルの神の栄光が、東の方から来たが、その来る響きは、大水の響きのようで、地はその栄光で輝いた。

（エゼキエル書第四三章二節）

また、もうひとりの御使が、生ける神の印を持って、日の出る方から上って来るのを見た。彼は地と海とをそこなう権威を授かっている四人の御使にむかって、大声で叫んで言った、「わたしたちの神の僕らの額に、わたしたちが印をおしてしまうまでは、地と海と木とをそこなってはならない」。わたしは印をおされた者の数を聞いたが、イスラエルの子らのすべての部族のうち、印をおされた者は十四万四千人であった。

（ヨハネの黙示録第七章二〜四節）

前述したように、「スメラ・ミコト（サマリヤの王）」である日本の天皇は、聖書の大祭司のように自然の神に対して国家と国民の安寧を祈る神官であり、国民から深い尊敬を受け続けてきた。戦後、昭和天皇が人間宣言しても国民の象徴であることは変わらない。

この聖書に預言された〝東の方から来たひとりの長（指導者）〟とは日本の天皇に他ならないことを考えると、私は身震いするほどの感動を覚えるのである。

真理を探究する者は永遠に救われる

こうして、大患難時代とそれ続く最終戦争である黙示録は、ユダヤ人の子孫である日本人が援軍を送った神側の勝利によって終わりを遂げる。

そして、その後に地上に現れるのが千年王国である。

そこでは、神に従う者たちは限りなく永久に祝福を受ける。一方で罪深き人、神に反逆した全ての人は永遠の裁きを受けることになる。そして、メシアによって統治される千年王国は文字通り千年にわたって地上全体を支配し、アダムとエバの罪とサタンの反逆によって堕落した世界を元の状態へと回復していくという。

この千年王国の間、地上はかつてなく繁栄し、正義と平和に満ちた時代となる。

……以上が聖書の歴史と預言によって啓示されてきた黙示録の顛末と、神ヤハウェによる人類救済計画の全貌である。人類の歴史は、こうした計画（プログラム）に沿って進んでいると言っても過言ではない。

神による人類救済計画の鍵を握る人物は聖書の中でメシア（救世主）と呼ばれている。メシアの称号が意味することは、神的な権威と力によってイスラエルと全世界を永遠に治める王である。その王は、聖書の神ヤハウェによる人類救済計画の中心人物であり、メシアの働きを通して、神の計画は完成される。

千年王国が到来し、再臨するイエス・キリストは神の御国の王として王座に就き、エルサレムから地の果てに至る全世界を治める。その支配は、かつて人類が経験したことの無かったような、素晴らしいものとなる。

終りの日に次のことが起る。主の家の山は、もろもろの山のかしらとして堅く立ち、もろもろの峰よりも高くそびえ、すべて国はこれに流れてき、多くの民は来て言う、「さあ、われわれは主の山に登り、ヤコブの神の家へ行こう。彼はその道をわれわれに教えられる、われわれはその道に歩もう」と。律法はシオンから出、主の言葉はエルサレムから出るからである。彼はもろもろの国のあいだにさばきを行い、多くの民のために仲裁に立たれる。こうして彼らはそのつるぎを打ちかえて、すきとし、そのやりを打ちかえて、かまとし、国は国にむかって、つるぎをあげず、彼らはもはや戦いのことを学ばない。ヤコブの家よ、さあ、われわれは主の光に歩もう。

（イザヤ書第二章二～五節）

ここに記されたように剣は畑を耕すスキとなり、槍は同様に収穫物を刈るカマとなるのだ。国と国との戦いはこの世から無くなり、そこにあるのは隣人との愛である。つまり、千年王国の支配の特徴は全人類的な愛なのだ。

王であるキリストは全ての住民に深い愛情を注ぎ、彼らを守り祝福する。その結果、千年王国の住人の間には真実の愛が満ち溢れるのである。

千年王国の終焉後、真の平和が到来

また、千年王国においては主の言葉が全ての住民に平和を教え、多くの国々の間に公正な判決を下す。完全な義とその義を行使する権威と力を持つ王イエスのもとで、もはや人々は争うことはなく、普遍的な平和が地の隅々にまで行き渡るという。

まさに理想郷である……そこで人々はどんな暮らしをするのだろうか。

彼らは家を建てて、それに住み、ぶどう畑を作って、その実を食べる。彼らが建てる所に、ほかの人は住まず、彼らが植えるものは、ほかの人が食べない。わが民の命は、木の命のようになり、わが選んだ者は、その手のわざをながく楽しむからである。

（イザヤ書第六五章二一、二二節）

国のうちには穀物が豊かにみのり、その実はレバノンのように山々の頂に波打ち、人々は野の草のごとく町々に栄えるように。

（詩篇第七二篇一六節）

アダムとエバの罪によって地が呪われて以降、極端に下がっていた世界の土地の生産性は、イエス・キリストの祝福によって以前の状態に近づいていく。誰もがそれぞれ自分の家を持ち、その権利が侵されることは決してないのである。そして、全ての人々には適切な仕事が与えられ、その労働は実り豊かで喜びのあるものとなる。

そして、一番大事なのは、アダムとエバが知恵の木の実を食べたことによって人間に訪れた死が滅ぼされるのである。イザヤ書に〝民の命は、木の命のようになり〟と書かれているように、人間の寿命は再び数百年単位になると考えていいだろう。

心おののく者に言え、「強くあれ、恐れてはならない。見よ、あなたがたの神は報復をもって臨み、神の報いをもってこられる。神は来て、あなたがたを救われる」と。その時、目しいの目は開かれ、耳しいの耳はあけられる。その時、足なえは、しかのように飛び走り、おしの舌は喜び歌う。それは荒野に水がわきいで、さばくに川が流れるからである。

（イザヤ書第三五章四〜六節）

千年王国では神から注がれる祝福により、あらゆる病が癒やされるようになる。盲人は見えるようになり、耳の聞こえない人は聞こえるようになり、足の不自由な人は飛び跳ね、口がきけない人もきけるようになる。もはやそこでは不治の病は存在しなくなるのだ。

千年の期間が終ると、サタンはその獄から解放される。そして、出て行き、地の四方にいる諸国民、すなわちゴグ、マゴグを惑わし、彼らを戦いのために召集する。その数は、海の砂のように多い。彼らは地上の広い所に上ってきて、聖徒たちの陣営と愛されていた都とを包囲した。すると、天から火が下ってきて、彼らを焼き尽した。

（ヨハネの黙示録第二〇章七〜九節）

まさに理想郷のような千年王国であるが、〝千年〟と区切られている以上、いつかは終わりが来る。しかも、人間の寿命が数百年単位となった状況では、一〇〇〇年も長いようだが、人間の一生よりわずかに長い時間と考えれば、そうそう長い時間とは言えない。

そこで気になるのは千年王国の終焉である。千年王国が終わった後はどうなるのか非常に気になるところではあるが、安心していただきたい。

千年王国が終わりを迎えると、地下深くの牢獄に閉じ込められていたサタンが解き放たれて人類を惑わすことが許される。サタンは人間の街の周囲に迫り、人間には危機が訪れるのは間違いない。しかし……重ねて言うが、安心していただきたい。神が天から放った炎によって反逆するサタンとその一味は焼き尽くされ、滅ぼされるのだ。

その後、神は古い世界を一新し、新しい天と地を創造される。そこは永遠に神が支配する完全な世界である。新天地の到来によって、堕落した世界を贖う神の人類救済計画は完全に成就するのだ。人間はその時が来るまでに悔い改めておくことである。

――以上がすべて聖書に記された真理である。

こうした真理を知ることができる人はもう死なないと考える。もちろん、肉体はこの世にあるから死ぬが、それは霊の拠り所である衣みたいなものであるから無くなっても影響はない。肉体的になくなっても霊は生き続けることができるのだ。

しかし、信仰を持たない者はすでに霊が死んでいると考えられる。肉体という衣があっても、霊がない、つまり空っぽの器があるだけなのだ。それは永遠の死に相当し、同時に永遠の絶望である。そこには希望はない。

そこに信仰の素晴らしさがあると私は考えている。信仰とは救いなのだ。

そしてこの御国の福音は、すべての民に対してあかしをするために、全世界に宣べ伝えられるであろう。

（マタイによる福音書第二四章一四節）

真理に到達した人間に送られるもの、それは「福音」であり、それは、イエス・キリストによる救いのメッセージなのだ。愛と平和に満ちた千年王国とその後の世界を享受できるのは信仰がある人間であることは間違いない。

次に来る永遠の世界は〝四次元の世界〟で、とても素晴らしい世界である。

おわりに――私は死ぬことが恐くありません！　否、死にません

まずは本書を手に取っていただき、最後までお読みいただきましたことを感謝する次第である。ご一読されてどんな感想をお持ちになられただろうか。

神＝イエス・キリスト＝ユダヤ人＝聖書＝キリスト教＝神道＝秦氏＝日本人＝福音……ここまで読んでいただけたことで、これらがすべて一本の線で繋がっていることがお分かりになったことと思う。

それこそが本書で主張する一番の「真理」なのである。

本書には、一五歳の少年が「真理とはなんぞや」という啓示を受けてからの、八〇年近い試行錯誤の日々が書き連ねてある。一五歳の少年は今、九九歳の老人となったが、今も聖書を読む度に主と出逢い、日々感動を新たにしている。

ここまで、真理を追い求めて出逢った全てのことを記してきた。そして、本書は九九歳

となった私の人生における最後のミッションと言っても過言ではない。もちろん、最後と言っても私は本書を書き終えて死ぬわけではない。

これまで書いて来たように、二度の奇蹟からの生還を経験して、私は今や死ぬ気がしない。これからも聖書を手に、真理の探究を欠かさず続けていきたいと考えている。本書を読んだ方が、真理に遭遇する手助けとなるであれば幸いである。

ここで聖書の一節を記しておく。

「わたしイエスは、使をつかわして、諸教会のために、これらのことをあなたがたにあかしした。わたしは、ダビデの若枝また子孫であり、輝く明けの明星である」。御霊も花嫁も共に言った、「きたりませ」。また、聞く者も「きたりませ」と言いなさい。かわいている者はここに来るがよい。いのちの水がほしい者は、価なしにそれを受けるがよい。

（ヨハネの黙示録第二二章一六、一七節）

イエス・キリスト様とは、また聖書とは、ここに記されているように人間にとっては「明けの明星」であると私は考えている。希望や目標が見えなくなった真っ暗な夜もいつかは終わる。そして、神である太陽が再び空に昇った時、人間に希望を与え、人間が目指すべき道標となる……それが明けの明星なのではないだろうか。

明けの明星を持たない者は不安に満ちた顔をして上を見ることなく、頭《こうべ》を垂れて背筋を曲げ、地面ばかり見てどこに行くかさえ分からずに脅えている。しかし、明けの明星が見える者は背筋をピンと伸ばし、自信満々の顔で真正面を見て堂々と歩いている。

明けの明星を持たない者は不幸であり、持つ者は幸せな人生を送ることができる。

だからこそ、私は今、死ぬ気はしないし、死ぬことが少しも恐くないのだ。本書をお読みになったあなたはも、ぜひ明けの明星が見えるようになってほしい。


さて、私がいる小田原市の老人介護施設の部屋からは、目の前にちょうど富士山が見える。妻の妙子と平穏な日々を送る中で、日々幸せを噛みしめている。今の私があるのも妙子との出会いによることが大きい。彼女との出会いは運命である。

今も夜はベッドに並び、お互いの手を握り合って穏やかに眠っている。一〇〇歳を間近にしてそんな毎日が送れることを奇蹟と呼ばずして何と呼ぼう。

妙子には本当に心から感謝している。永遠に添い遂げたいと願っている。

最後に、僭越ながら読者の皆様に幸せが訪れるよう祈りを捧げたい——。

主よ、感謝いたします。今日、私はこうして『真理との遭遇』を出版することができました。この本には私が体験したことが書いてあります。私の意見や考えではなく、あなたが私たちに何をなさったか、あなたのお考えをすべて書いてきました。すべて、主と聖霊様、そして聖書を通してあなたが私に啓示してくれたものです。

本書を読まれた方の上にも豊かに導きと知恵を与え、多くの人が聖書の神こそ真理の神であることを知ることを願っております。また、私は日本の皇室と日本の神道はユダヤ起源であることは間違いないと思っておりますが、そのことも書きました。本書をお読みになった方に祝福を与えてくださいますように。アーメン。

※聖書の引用は「口語訳聖書」（日本聖書協会訳／サキ出版／Kindle版）に準拠しました。

著者プロフィール

安立 昇（あんりゅう のぼる）

大正14（1925）年2月24日、神奈川県横浜市生まれ。旧制中学卒業後、東京繊維専門学校（現・東京農工大学）に入学する。卒業後、転職を繰り返した後、大阪外国語大学に入学する。31歳の時にキリスト教の洗礼を受けて入信し、その後、安立妙子と結婚。さまざまな職に就いた後、兵庫県相生市にある造船所にスペイン語の通訳として入社する。相生工場閉鎖後、妙子と学習塾を開く。阪神淡路大震災後、スペインに移住する。帰国後、今日まで日本とユダヤの関係、日本人のルーツについて研究を続けている。

真理との遭遇 日本とユダヤ、古《いにしえ》の絆が奇蹟を起こす

2024年5月15日　初版第1刷発行

著　者　安立 昇
発行者　瓜谷 綱延
発行所　株式会社文芸社
〒160-0022 東京都新宿区新宿1-10-1
電話 03-5369-3060（代表）
03-5369-2299（販売）

印刷所　株式会社フクイン

ISBN978-4-286-19640-4